はじめてママとパパの本

妊娠・出産
ガイドBOOK

監修●日本赤十字社医療センター　産婦人科　渡邊理子

Gakken

はじめに

この本をお手にとられた妊婦さん、ご妊娠おめでとうございます。喜び、とまどい、不安などさまざまな気持ちとともに、おなかのふくらみや胎動など、これから起こるいろいろな体の変化に、ご自身の体の中で新しい命が育っていることを実感できるようになることでしょう。

私自身、3人の子供を出産しましたが、産婦人科医でいながら、妊娠中にはひとり目のときだけでなく2人目、3人目のときにもたくさんの不安を感じたことを覚えています。

この本を読んでいただくことによって、みなさんの不安を少しでも解消して、お産や産後の生活に向けて、心と体の準備をするためのお手伝いができればと思っています。

妊娠中の幸せな気持ち、お産が終わって赤ちゃんをはじめて抱っこしたときの感動、授乳の経験などは何にも代えることのできない貴重な宝物となります。これから子育てをしていく中で行きづまることもあると思いますが、妊娠中や誕生の瞬間の気持ちを思い出すことが、みなさんの強い支えになることでしょう。

どうぞ、この長いようであっという間の妊娠期間を大切に過ごしてください。みなさんのお産と育児が素晴らしいものになりますように願っております。

日本赤十字社医療センター
第二産婦人科　副部長
渡邊　理子

contents

1章 ● 妊娠中の過ごし方
安産を目指して！

- 妊婦健診で
  母子の健康をチェック … 32
- 自分に合った
  産院選びのポイント … 36
- 100％活用できる
  母子手帳の使い方 … 38
- 妊娠報告は
  タイミングよく伝えよう … 40
- 時期に合った食生活で
  ママも赤ちゃんも健康に！ … 42
- 妊娠中に気をつけたい
  薬・サプリメントのとり方 … 48
- 太り過ぎ・やせ過ぎは禁物
  体重コントロール法 … 50
- 迷惑かけずにしっかり準備
  ワーキング妊婦の過ごし方 … 54
- 超音波検査でわかる
  赤ちゃんのようす … 58
- 赤ちゃんのしぐさがわかる
  3Dエコー写真集 … 60

- はじめに … 2
- 本書の使い方 … 8
- 妊娠がわかったら…
  まず、何をすればいいの？ … 9
- ママと赤ちゃん10カ月予定表 … 10
- 妊娠2カ月（4～7週）… 12
- 妊娠3カ月（8～11週）… 14
- 妊娠4カ月（12～15週）… 16
- 妊娠5カ月（16～19週）… 18
- 妊娠6カ月（20～23週）… 20
- 妊娠7カ月（24～27週）… 22
- 妊娠8カ月（28～31週）… 24
- 妊娠9カ月（32～35週）… 26
- 妊娠10カ月（36～39週）… 28
- 妊娠判明前の気がかり … 30

- ママも赤ちゃんも快適な
育児のための部屋づくり … 90
- 里帰り出産のための
準備と段取り … 92
- 動作に気をつけて
大きなおなかで過ごす … 94
- 体は準備を進めている!
母乳の出るしくみを知る … 96
- 妊娠中から授乳に備える
おっぱいケア … 98
- 赤ちゃんに影響はない?
やっていいこと、悪いこと … 100
- 適度に動いて安産体質に
マタニティフィットネス … 102
- 簡単にできて代謝もアップ
マタニティフィットネス … 104
- 出産時に役立つ
呼吸法を身につける … 106
- 準備万端なら安心
出産&入院の準備 … 108
- 心も体もお産に備えて
安産体質をつくる … 110
- 正産期に入ったらおだやかに
臨月の過ごし方 … 112
- バースプランを考えてみよう! … 114

- 赤ちゃんが動き回る
胎動を感じよう … 62
- 胎動を感じたら親子でできる
楽しい胎教のすすめ … 64
- ママがリラックスできる
セックス&コミュニケーション … 66
- 妊娠中はどこまで大丈夫?
お出かけと旅行 … 68
- 妊娠中もきれいでいたい!
スキンケアとヘアケア … 70
- 美ボディをキープ
妊娠線のケア … 72
- 快適でおしゃれもキープ
マタニティウエア選び … 74
- 妊娠中のトラブル解消に
アロマセラピー … 76
- 最初のプレゼント
赤ちゃんの名前のつけ方 … 78
- 何から考える?どうやって決める?
名づけのアイデアヒント集 … 80
- 赤ちゃんを迎える準備
両親(母親)学級の参加 … 82
- 出産方法の種類を
知って分娩予約をしよう … 84
- まずは必要最低限
育児グッズのそろえ方 … 86

2章 ● 妊娠中のトラブルと検査

ママと赤ちゃんを守る！

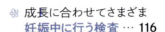

- 妊娠中は特に気をつけて
  感染症予防をしよう … **136**
- ほとんどは心配なし
  さかごの不安を解消 … **142**
- 出産時に起こる
  トラブル … **144**
- どういうこと？それって大丈夫？
  **医師から言われた
  気になる言葉** … **148**
- 妊娠中だからこそ知っておきたい
  乳がんについて … **150**

- 成長に合わせてさまざま
  妊娠中に行う検査 … **116**
- 妊娠中に起こる
  つらい症状の対処法 … **118**
- **妊娠高血圧症候群**は
  予防と早期発見が大切 … **122**
- 血糖値コントロールで
  妊娠糖尿病を予防 … **124**
- その他の妊娠中の気になる症状 … **126**
- 正しく知っておきたい
  切迫流産と流産 … **128**
- パニックにならないために
  切迫早産と早産を知ろう … **130**
- 妊娠中に起こる
  トラブル … **132**

4章 ● 産後の過ごし方

- **産後1カ月**
  赤ちゃんとの生活は？ … **174**

- **出生届**を記入して
  正式な家族になろう！ … **176**

- 無理せずに
  産後の体に戻ろう … **178**

- **産後のトラブル**
  症状から対処法を知ろう … **180**

- **赤ちゃんのお世話**
  のコツを知っておこう … **182**

- 妊娠中から知っておきたい
  <u>赤ちゃんとの生活
  お悩み解決法</u> … **188**

- <u>出産内祝いの
  マナーを知ろう！</u> … **190**

3章 ● 出産の流れ

- **お産の流れ**を知って
  本番に備えよう … **152**

- そろそろ始まるかも？
  お産のサインを知ろう … **156**

- **陣痛をのり切る**ために
  知っておきたいこと … **158**

- ママと赤ちゃんの体に
  やさしいお産とは？ … **162**

- **立ち会い出産**で
  パパもいっしょに頑張る … **164**

- トラブルに応じて行う
  お産の**医療処置** … **166**

- だれでも可能性はある
  帝王切開を知ろう … **168**

- 赤ちゃん誕生後はすぐ
  入院生活で育児レッスン … **170**

5章 ● 妊娠・出産に関する お金と制度

困らないために！

- 妊娠・出産には **いくら必要**なの？ … 192
- 妊娠中に考えておきたい **教育費のやりくり** … 194
- 妊娠・出産・育児で **もらえるお金**を確認 … 196
- トラブル時に役立つ **制度を覚えておこう** … 204

妊娠・出産で必要な 手続きチェックリスト … 206

入院準備チェックリスト … 208

育児グッズチェックリスト … 210

妊娠・出産用語集 … 212

INDEX … 218

監修
渡邊 理子（わたなべ みちこ）

日本赤十字社医療センター 第二産婦人科　副部長。
医学博士、産婦人科専門医、臨床遺伝専門医、周産期（母体・胎児）専門医。1994年、山梨医科大学医学部卒業。東大病院で研修医を経て、2001年、東京大学大学院医学系研究科修了。2004年から日本赤十字社医療センター産婦人科に勤務し、現在に至る。専門は周産期、臨床遺伝、婦人科一般。

STAFF

装丁・デザイン　高橋久美
イラスト　オオウラシオリ、やのひろこ
撮影　長崎昌夫
DTP　アーティザンカンパニー株式会社
校正　情報出版
編集制作　バブーン株式会社
（古里文香、茂木理佳、川上萌、岡田好美、矢作美和）

本書の使い方

押さえておきたいポイントが すぐにわかる!

本書では、妊娠・出産のために知っておきたい安心情報をたくさん紹介しています。妊娠のどの時期に読んでおくとためになるのか、また、最低限知っておきたいことなどがすぐにわかるように工夫されています。ぜひ、活用してみてください。

妊娠月ごとのようすがわかる

（P12〜29）
妊娠発覚から出産まで、何に気をつけたほうがよいのか、やっておいたほうがよいことなどをわかりやすく説明しています。

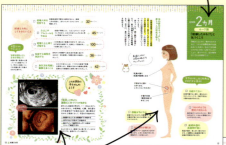

ママと赤ちゃんのようす

その時期、ママの体にどんな変化があらわれるのか、おなかの中の赤ちゃんはどのように成長しているのかがわかります。

知っておきたいことをチェック

🚩⭐🚩 は絶対に知っておきたいこと。本文中のマークの部分を読んだら、チェックしておきましょう。

いつ読むべきかがわかる

読み逃したということがないように、妊娠のどの時期に読んでおくとよいことかがわかります。

ハムちゃんです!

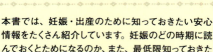

子宝の象徴でもあるハムスターの「ハムちゃん」が妊娠・出産についてガイドします。

用語集で気になる言葉を確認

（P212〜）
医学用語や妊娠に関する専門用語など、普段耳にすることが少ない言葉をまとめました。気になった言葉はチェックしましょう。

チェックリストで準備を完璧に

（P206〜211）
入院や育児に必要なグッズ、手続きに関する段取りなどがチェックできます。準備にもれがないように、確認しましょう。

> 妊娠がわかったら…

まず、何をすればいいの?

はじめてだから、妊娠が判明したとき、何をすればいいのかわからないママも多いでしょう。
やるべきことを知り、スムーズに安心妊娠生活に入りましょう。

1 もしかして妊娠? と思ったら まずは妊娠検査薬で確認

市販の妊娠検査薬で妊娠の有無をチェックしましょう。どのメーカーのものも使い方は同じで、尿を使って調べます。陽性が出たら産婦人科を受診しましょう。

早すぎる検査に注意! くわしくは病院で確認を

1日でも早く確かめたくなりますが、検査薬で正確な結果が出るのは「生理予定日の1週間後から」です。早く検査し過ぎて陰性が出ても、実は妊娠しているということもあるので、判定時期は必ず守りましょう。

2 妊娠についての知識を得る

妊娠することで体がどう変化するのか、周囲にどんなサポートをお願いすればよいのか、妊娠中の過ごし方について知りましょう。出産の流れも調べておくと安心です。

3 赤ちゃんのために食生活を見直す

おなかにいる赤ちゃんのためにも、ママが安全に出産するためにも、食生活を見直す必要があります。ファストフードなどは最小限におさえ、1日3食バランスのよい食事を。

4 アルコールやたばこは きっぱりやめる

ママの飲酒喫煙は、赤ちゃんの発達や知能に障害を引き起こしたり、流産のリスクを高める原因になるのできちんと断ちましょう。パパもママの前ではたばこは吸わないでください。

妊娠週数の数え方

妊娠週数は「最終月経の初日が0か月0日目」として数えます。「月経が1週間遅れている」と感じたらすでに5週になっているのです。

(日)
0 1 2 3 4 5 6 7 8 9 10 11 12 13 14 15 16 17 18 19 20 21 22 23 24 25 26 27 28 29 30 31 32 33 34 35 …

| 最終月経 | 妊娠1週 | 妊娠2週 | 妊娠3週 | 妊娠4週 | 妊娠5週 |

妊娠1カ月 / 妊娠2カ月

ママと赤ちゃん 10カ月予定表

出産までのおよそ10カ月をどんなふうに過ごし、いつ何をすればよいかを知っておきましょう。

	5カ月	4カ月	3カ月	2カ月
ママのようす	・安定期に入る ・母乳の準備が始まる ・貧血になりやすい ・胎動を感じることも	・つわりが少し楽になる ・おなかがふくらんでくる ・乳房が大きくなり下着がきつくなる	・つわりがつらくなる ・乳首や乳頭が黒ずむ ・尿の回数が増えて便秘ぎみに	・月経がこない ・つわりのような症状が出る ・おりものが増える
やっておくべきこと	・マタニティウエアを着用する ・「戌の日」にお参りをする ・鉄分を積極的にとる ・両親（母親）学級に参加する	・体重をコントロールする ・マタニティ用の下着を用意する ・妊娠線のケアを始める	・母子健康手帳を受け取る ・出産する産院を決める ・今後の仕事について考える	・産婦人科で妊娠を確認する ・たばこやアルコールをやめる ・食生活を見直す
赤ちゃんのようす	・五官が発達し始める ・皮下脂肪がついてくる ・毛や爪が生えてくる	・内臓などの器官がほぼ完成する ・手足をよく動かすようになる	・胎児と呼ばれるようになる ・へその緒が長くなって自由に動き回るようになる	・胎芽と呼ばれる中枢神経や心臓などの各器官ができ始める

10カ月	9カ月	8カ月	7カ月	6カ月
❁ 子宮の位置が下がり、下半身が突っ張る ❁ おなかの張りをひんぱんに感じる ❁ 白っぽいおりものが増える	❁ 胃がムカムカする ❁ 尿トラブルが起こる ❁ 前駆陣痛が起こる ❁ 足がむくんだりつったりする	❁ おなかが大きくなって足元が見えづらくなる ❁ 動悸や息切れが起こる ❁ 食欲がなくなる	❁ おなかが張りやすくなる ❁ 妊娠線ができることもある ❁ あお向けで寝られなくなる	❁ ほとんどの人が胎動をはっきり感じるようになる ❁ おなかがせり出す ❁ 足がつりやすくなる
❁ 育児グッズがそろっているか確認 ❁ お産の流れを確認しておく ❁ パパとお産当日の打ち合わせをする	❁ いつでも入院できるよう、入院の準備を完了させる ❁ 里帰り出産の人は帰省する ❁ 呼吸法をマスターする ❁ 産後必要となる手続きを確認する	❁ 里帰り出産の人は一度健診のために帰省することも ❁ 入院の準備を始める ❁ 地域の助成や手当を確認する ❁ 赤ちゃんのスペースを確保する	❁ 体重管理をしっかりする ❁ 仕事の引き継ぎを始める ❁ 保育園を探し始める	❁ 乳頭の手入れをする ❁ 立ち会い出産について話し合う ❁ 赤ちゃんの名前を考え始める
❁ 4頭身になり、いつ生まれてもよい状態になる ❁ 免疫力がアップする ❁ 産道を通る体勢をとる	❁ 体つきが丸みをおびて赤ちゃんらしい外見になる ❁ 呼吸機能や飲む力が発達する ❁ 髪の毛が長くなり、爪ものびる	❁ ほとんどが頭位になる ❁ 聴覚がほぼ完成する ❁ 肺呼吸の練習を始める ❁ 細かい動きができるようになる	❁ 脳が発達し、自分の意思で体の向きを変えられる ❁ 鼻の穴が開通し、まばたきをする ❁ 髪の毛がのびる	❁ 男女の外性器がはっきりする ❁ 消化機能、骨や筋肉が発達する ❁ 顔立ちがはっきりする

妊娠 2ヵ月

4～7週

「妊娠したかも!?」と気づくころ

月経がこなくなり、胃がもたれるなど、つわりの初期症状が出始めることもあり、自分でも妊娠したかもしれないと気づくころでしょう。赤ちゃんは、主な器官がつくられる時期です。

体の変化をキャッチして
赤ちゃんの存在を知る

妊娠検査薬で陽性が出たら産婦人科へ行き、赤ちゃんがいるかどうかを確認します。この時期からつわりの初期症状が出るというママもいます。

赤ちゃんは、頭と胴が2頭身になり、脳や脊髄などの神経組織、心臓や肝臓などの内臓がつくられます。目や口、鼻の穴の原形もでき始めます。

産婦人科で
正常妊娠かを
チェックしよう

乳房が張り
乳頭が敏感になる

子宮がひと回り
大きくなる。
レモンくらいの大きさ

少量の出血
（着床出血）が
あることも

ママの体にあらわれるさまざまな症状

☐ **月経がこない**

生理不順でない限り、最もわかりやすいサインです。月経予定日に少量の出血がある人も。

☐ **つわりのような症状が出る人も**

起き抜けにムカムカしたり、胃がもたれたり、においに敏感になったりする人もいます。

☐ **便秘がちになる**

妊娠するとホルモンの影響で、腸の動きが鈍くなるため便秘になりやすくなります。

☐ **基礎体温の高温期が続く**

高温が続き、熱っぽい感じがあります。2週間以上高温期が続くと妊娠の可能性があります。

☐ **おりものが増える**

乳白色やクリーム色のおりものが増えます。においはあまりないか、無臭のケースがほとんど。

妊娠2カ月にしておきたいこと

- ☐ **産婦人科を受診する**
  妊娠検査薬で陽性と結果が出たら、産婦人科を受診し、赤ちゃんがいるかどうかを確認します。
  → **32**ページへ

- ☐ **たばこやアルコールをやめる**
  妊娠が判明したら、たばこもアルコールもすぐにやめます。おなかの赤ちゃんのためと思えば我慢できるはずです。
  → **45**ページへ

- ☐ **妊娠だと心得て行動する**
  この時期はまだ胎盤が安定せず、赤ちゃんは不安定な時期です。妊婦という自覚を持って安静に過ごしましょう。
  → **100**ページへ

- ☐ **出産する病院を検討する**
  自宅からの距離や入院生活を快適に過ごせるかなど、何を重視して病院を選ぶか検討しましょう。
  → **36**ページへ

- ☐ **食生活を見直し葉酸を多くとる**
  おなかの赤ちゃんは、ママのとる食事で栄養を摂取します。葉酸が含まれる緑黄色野菜、豆類などを積極的に食事に取り入れましょう。
  → **42**ページへ

先輩ママのアドバイス

妊娠を自覚したら生活を見直して！
体調が悪く風邪かと思っていたら妊娠でビックリ。早めに妊娠についての知識を得て行動するのが正解です。

この時期の赤ちゃんのようす

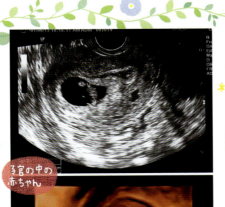

子宮の中の赤ちゃん

「胎芽」と呼ばれ臓器など体づくりが始まる

赤ちゃんは胎芽と呼ばれ、1～13mmほどしかありません。中枢神経、心臓、消化器などの各器官ができ始めるほか、頭と胴体が分かれ2頭身になって、手足もでき始めます。

- 胎盤のもとになる組織ができ始める
- 目や口などの形ができ始める
- 胎のうという胎芽の入っている袋がエコーで確認できる

◀上の2Dエコー画像で丸く黒く写っているのが胎のうです。胎芽が入っている袋です。

妊娠 3カ月
8〜11週

つわりが重くなる人がたくさんいます

本格的なつわりが始まります。吐き気や胸やけなどに悩まされると思いますが、赤ちゃんが元気に育っている証拠と信じてのり切りましょう。赤ちゃんは3頭身になります。

つわりは赤ちゃんが順調に育っているあかし

おなかはまだほとんど目立ちませんが、赤ちゃんは3頭身になり、手足の指も完成するので、より人間らしくなります。超音波検査では胎芽がはっきり見えるので、出産予定日が決まります。

また、この時期はつわりがピークに。赤ちゃんが元気な証拠と思って、食べたいものを無理せずに少量ずつとりましょう。

つわりはある人とない人がいるよ！

- 乳首や乳頭が黒ずむ
- 子宮は握りこぶしくらいの大きさになる
- 頻尿、便秘ぎみになりがち

ママの体にあらわれるさまざまな症状

☐ **つわりがつらい時期**
個人差はありますが、妊娠11週ごろがつわりのピーク。1〜2カ月で治まるのでのり切りましょう。

☐ **だるさは継続する**
妊娠2カ月のころから引き続き、基礎体温が高いため、体が熱っぽくだるく感じます。

☐ **尿の回数が増え便秘がちに**
子宮が膀胱や腸を圧迫するので、トイレに行く回数が増えたり便秘がちになったりします。

☐ **乳首や乳頭が黒ずんでくる**
ホルモンの影響で色素沈着が起こりやすくなるため、乳首や脇などが黒ずんできます。

妊娠3カ月にしておきたいこと

- ☐ **母子健康手帳を受け取る** — 母子健康手帳は住んでいる市区町村の役所で手続きするともらえます。妊婦健診には必ず持っていきましょう。→ **38**ページへ

- ☐ **里帰り出産するか検討する** — 里帰り出産をする場合は、妊娠8〜9カ月頃に戻ります。転院先に連絡をとるなど、することもたくさんあるので、早めに家族で相談を。→ **92**ページへ

- ☐ **出産する産院を決める** — 出産施設には総合病院、産婦人科、助産院などがあります。人気の産院は特に早く予約が埋まるので早めに予約しましょう。→ **36**ページへ

- ☐ **今後仕事をどうするか決める** — 出産後も仕事を続けるか、退職するかを早めに決めます。続ける場合は早めに上司に相談し、働き続けたいという意思をしっかり伝えて。→ **54**ページへ

- ☐ **仕事内容を見直す** — つわりが一番つらい時期なので、働くママは体調によっては仕事量を調整しましょう。職場には早めに妊娠を報告します。→ **54**ページへ

先輩ママのアドバイス

食べられるものを見つけて

人によっては、空腹になると気持ちが悪くなる「食べづわり」になることも。自分の体調に合った食べ物を見つけると和らぎますよ。

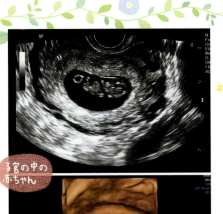

子宮の中の赤ちゃん

この時期の赤ちゃんのようす

元気に羊水を動き回る赤ちゃんが見える

頭や足、胴が発達して3頭身になるほか、手足の指もできてより人間らしい姿に。へその緒が長くなってくるので、羊水を自由に泳ぎ回る姿が見えます。

- 「胎芽」から「胎児」へと呼び方が変わる
- へその緒が長くなって自由に動き回るようになる

◀頭と胴、手足がはっきり区別できるようになってきました。

妊娠 4カ月
12〜15週

つらかったつわりが ようやく安定します

つらいつわりに悩まされたママもこの時期に入ればようやく治まります。心も体も安定してくるので、パパとショッピングや食事へ行くなど、リラックスして過ごしましょう。

つわりから解放！ ママも赤ちゃんも安定します

胃のムカムカが治まったり食欲がわいたりと、つわりがようやく治まってきます。続いていただるさもなくなるので、スッキリとした気分で過ごすことができるでしょう。
胎盤が完成して子宮に結びつくので、赤ちゃんも同様に安定してきます。リラックスした気分で楽しみましょう。

妊婦らしい
体型に
なってくるよ

- 乳房が大きくなり下着がきつくなる
- おなかのふくらみがわかるようになる
- 子宮は新生児の頭くらいの大きさになる

ママの体にあらわれる さまざまな症状

☐ つわりが治まる
まだ続く人も中にはいますが、だいたい妊娠15週までには治まります。食欲もウソのように戻ります。

☐ 腰痛になる
妊娠に関連するホルモンが骨盤をゆるめることで、腰痛に。骨盤を固定するベルトを装着するなどの対策を。

☐ おなかのふくらみが 少し目立つように
子宮が新生児の頭ほどの大きさになるので、おなかが目立つように。普通の下着がきつくなります。

☐ 基礎体温が 落ち着く
高温状態だった基礎体温が落ち着くので、続いていただるさや熱っぽさが通常に戻ります。

妊娠4カ月にしておきたいこと

☐ **体重をコントロール**
このころは食欲がわきますが、体重オーバーに注意。もとの体形にもよりますが、1カ月に1kg増えるくらいのペースで。 → **50**ページへ

☐ **マタニティ用のインナーを用意する**
乳房や子宮が大きくなるので、普通の下着ではきつくなります。つらくないうちに早めにマタニティ用のインナーを用意しましょう。 → **74**ページへ

☐ **妊娠線のケアをする**
妊娠線は妊娠で肌が急激にのびることでできる線状斑のこと。放置すると産後も消えないので、こまめなケアをしましょう。 → **72**ページへ

☐ **虫歯のチェック**
赤ちゃんが生まれるとなかなか歯科医院に行けなくなります。歯科検診をすませて虫歯がないかどうかチェックします。 → **127**ページへ

☐ **足のストレッチをこまめに**
子宮が成長することで靭帯が引きのばされ、足のつけ根あたりが痛むことがあります。痛むところをのばすようにストレッチを。 → **127**ページへ

先輩ママのアドバイス

マタニティウエアは賢く選んで

たくさんそろえたのに、産後に全然使わなかったウエアもありました。必要に応じてそろえるくらいでよいのかもしれないですね!

この時期の赤ちゃんのようす

子宮の中の赤ちゃん

ママのおなかの中で動き回って元気いっぱい!

内臓や手足などの器官がほぼできあがり、これからは骨や筋肉が発達するようになります。手足を動かしたり指をしゃぶったりと羊水の中を元気に動き回ります。

- 器官の形成がほぼ完了する
- 顔にうっすら産毛が生える
- おっぱいを飲むような口の動作をする
- 羊水を飲み、尿として排泄する

◀小さな赤ちゃんの形になり、手足をよく動かすようになります。ほとんどの器官ができあがります。

17 妊娠4カ月

妊娠 5ヵ月

16〜19週

一番アクティブに過ごせる時期

安定期に入り、おなかのふくらみがより目立つようになります。ちょっとした旅行も可能です。マタニティフィットネスなどで体を動かしてリフレッシュするのもよい気分転換になります。

安定期を生かして無理せずアクティブに過ごそう

体も心も落ち着く安定期は、妊娠期間中で最もアクティブに過ごせる時期ともいわれています。授かり婚なら、この時期が結婚式を挙げるのに最も適しています。ヨガや水泳などマタニティフィットネスに挑戦してもよいでしょう。赤ちゃんは体の動きがより活発になり、かすかに胎動を感じるママもいます。

いよいよ安定期!
この時期に
出産の知識を
深めよう!

乳房が大きくなり母乳の準備が始まる

子宮は大人の頭くらいの大きさに

体がむくみやすくなる

ママの体にあらわれるさまざまな症状

☐ 乳房が大きくなる

乳腺が発達し始めて、乳房がひと回り大きくなります。乳首から黄色っぽい分泌物が出ることも。

☐ 胎動を感じることも

早い人は妊娠16週あたりでポコポコした胎動を感じます。動いたかな？ くらいのかすかな動きです。

☐ おなかのふくらみが目立つ

ひと目で妊婦とわかるくらい、おなかが大きくなってきます。腹帯を巻くなどしておなかを支えましょう。

☐ むくみやすくなる

体がむくみやすくなり、靴や指輪がきつくなることも。風呂上がりにリンパマッサージをすると効きます。

☐ 貧血が起こりやすい

鉄分は赤ちゃんにとって大事な栄養分です。大豆製品やほうれん草などを積極的に食べ、貧血予防を。

妊娠5カ月にしておきたいこと

- [ ] **戌の日にお参りを**
  日本には古くから戌の日に腹帯を巻いて安産祈願のお参りをする風習があります。腹帯はガードルタイプのものでもかまいません。
  → **75**ページへ

- [ ] **マタニティインナー、ウエアを着用**
  おなかも乳房もより大きくなるので、普通の下着で締めつけるのはよくありません。マタニティ用のインナーやウエアを着用します。
  → **75**ページへ

- [ ] **鉄分を積極的に摂取する**
  貧血になりやすいので、鉄分を多く含む大豆製品やほうれん草、牡蠣やあさりを積極的に食事にとり入れます。
  → **44**ページへ

- [ ] **両親（母親）学級をリサーチ**
  両親学級は病院、産院、保健所などで開かれています。健康のことや出産方法などを相談できるので、積極的に参加を。
  → **82**ページへ

- [ ] **引っ越しや結婚式などをすます**
  安定期なので、引っ越しや結婚式などのイベントはこの時期に行います。ママと赤ちゃんへの負担が少なくてすむでしょう。
  → **100**ページへ

先輩ママのアドバイス

体重は毎日はかろう

食べ物がおいしく感じられるのでつい食べ過ぎてしまい、体重が増えてしまいました。毎日記録しておくのがおすすめ。

この時期の赤ちゃんのようす

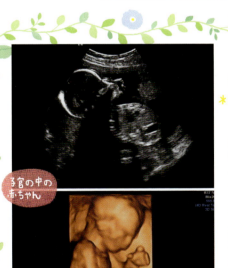

子宮の中の赤ちゃん

五官が発達し髪の毛が生えてくる

骨格がしっかりして皮下脂肪がつき始めます。体は産毛で覆われ、髪の毛や眉毛、つめも生えてくるようになります。また、脳の前頭葉が発達するので、五官も育ちます。

- 頭はプチトマトくらいの大きさになる
- 毛や爪が生えてくる
- 皮下脂肪がついてくる
- 五官が発達し始める

◀体の動きがよりなめらかになり、指をしゃぶるなど器用なこともできるようになります。

妊娠6ヵ月

20〜23週

胎動をはっきりと感じるようになる

おなかがせり出してきて、このころから胎動がはっきりわかるようになります。赤ちゃんも外見は新生児とほぼ変わらなくなり、ママの声が赤ちゃんにしっかりと届くようになります。

赤ちゃんにたくさん話しかけてみよう

今まではかすかに感じる程度だった胎動を、ほとんどのママがはっきりと感じるようになります。赤ちゃんもより活動的に、羊水の中でくるくると動き回るので、赤ちゃんがいるということを実感することができます。また、赤ちゃんは外の音が聞こえるようになります。積極的に話しかけて胎教を始めてみて。

寝る前などリラックスしてるときに胎動を感じやすいよ！

ほとんどの人が胎動をはっきり感じる

子宮底がおへその高さまで達する

腰や背中の痛みに悩まされる人が多い

☐ 子宮はさらに大きくなる

子宮は18〜21cmほどと、大人の頭よりもひと回り大きくなり、おなかがせり出します。

☐ 乳頭が敏感に

乳首を強く押すと、クリームがかった「初乳」と呼ばれる分泌物が出てくることがあります。

☐ 静脈瘤に注意
じょうみゃくりゅう

下半身の血流が悪くなり、静脈瘤（→P70へ）ができる人も。長時間の立ち仕事は避けます。

ママの体にあらわれるさまざまな症状

☐ 腰痛になりやすい

子宮に圧迫されて、反り返った姿勢になるため、腰や背中の痛みに悩まされます。

☐ 足がつりやすい

ふくらはぎの筋肉が疲労するので、つりやすくなります。普段からふくらはぎのマッサージを心がけて。

妊娠6カ月にしておきたいこと

- [ ] **乳頭の手入れをする**
医師の許可を得てから、乳頭マッサージを始めます。母乳の出がよくなる、吸いやすい乳首になるなどの効果があります。
→ **98**ページへ

- [ ] **立ち会い出産を話し合う**
パパと立ち会い出産するかどうかを決めます。する場合は、両親（母親）学級を受講する義務があることも。
→ **164**ページへ

- [ ] **胎教を始める**
やさしく赤ちゃんに話しかけることが胎教になります。言葉を赤ちゃんが理解するわけではありませんが、ママと赤ちゃんにリラックス効果があります。
→ **64**ページへ

- [ ] **赤ちゃんの名前を考える**
出生届は赤ちゃんが生まれてから14日以内に出します。家族で名前を考えるのはよい気分転換になるので、早めに考え始めましょう。
→ **78**ページへ

- [ ] **バースプランを立てる**
バースプランは、出産から産後の生活まで具体的に計画を立てることです。不安なことがあったら、早めに医師や助産師へ相談を。
→ **114**ページへ

先輩ママのアドバイス

ストレスのない生活を

安定期だからと、ついいろんな予定を入れがち。赤ちゃんのためにもリラックスする時間をつくって。

子宮の中の赤ちゃん

この時期の赤ちゃんのようす

顔立ちがはっきりして五官の完成までもあと少し！

消化機能が発達し、体の細部も発育して、胎内を出てからの準備を着々と進めます。味覚や聴覚、触覚も発達して五官の完成までもう少しです。また、男女の外性器がはっきりします。

- 消化機能が発達する
- 骨や筋肉がますます成長して大きな動きができるようになる
- 男女の外性器がはっきりする
- 顔立ちがはっきりする

◀骨と筋肉が成長するので、羊水の中をくるくるとダイナミックに動き回ります。

妊娠6カ月

妊娠 7カ月

24〜27週

決して無理せず
ゆったり過ごして

おなかはますます大きくなり、張ることも多くなるので日常生活を送るのが少しつらくなります。早産になる可能性があるので、無理せず疲れたりおなかの張りを感じたらすぐに横になりましょう。

大きくなったおなかと
うまく向き合おう

大きくなった子宮に圧迫されて、便秘に悩まされたり胃が苦しくあまり食べられなくなったりする時期です。あお向けで寝るのが苦しくなるので、ラクな姿勢を探すとよいでしょう。

また、早産になりやすい時期なので、注意して過ごします。長時間おなかの張りがとれなかったら、病院に連絡し、受診します。

マイナートラブルは遠慮せずに健診時に伝えてね!

乳輪部分が黒ずんでくる

おなかが張りやすくなる

おなかだけでなく、乳房やお尻にも妊娠線ができやすい

ママの体にあらわれるさまざまな症状

☐ おなかのかゆみ
ホルモンの影響などで起こります。シャワーをまめに浴びる、刺激の少ない下着にする、保湿するなど対策を。

☐ あお向けで寝られなくなる
あお向けが苦しくなったら、体の左側を下にして横向きになるとラクになります。

☐ おなかが張りやすくなる
おなかがさらに大きくなり、張りやすくなります。張りが長時間続いたり規則的になったりしたら、病院へ。

☐ 妊娠線ができることも
おなかの皮膚がのび、妊娠線ができやすい時期です。赤ちゃんへの影響はありません。

妊娠7カ月に しておきたいこと

☐ **体重管理を しっかりする**
太り過ぎると難産の原因になるほか、妊娠高血圧症候群などの合併症を引き起こすことも。特に外食ではカロリーオーバーに注意します。 → **50**ページへ

☐ **美容院へ 行く**
この時期を逃すと、産後もなかなか美容院には行けません。スッキリした髪形で出産できるよう、安定期のこの時期にヘアカットを。 → **70**ページへ

☐ **育児グッズを リサーチ**
育児グッズはとにかく種類が豊富です。自分たちが何を重視して決めるのかを考え、ムダなくそろえます。 → **86**ページへ

☐ **仕事の 引き継ぎを**
出産後も仕事を続けるママも、退職するママも、この時期くらいに仕事の引き継ぎの準備をしましょう。 → **57**ページへ

☐ **保育園を 探す**
働く産後ママの一番の悩みは保育園の空きがないことです。妊娠中に通える範囲の保育園をリサーチして、目星をつけておくとスムーズ。 → **56**ページへ

先輩ママの アドバイス

足がむくんだ ときの対策を

寝るときに足を高くしたり、5本指ソックスをはいたりすると、血流がよくなってむくみがとれやすいですよ!

この時期の 赤ちゃんの ようす

子宮の中の 赤ちゃん

脳が発達して 自分で向きが変えられるように

脳の発達が進み、くるくると回ったり動いたりします。目はまばたきをするようになります。聴覚も発達するのでママの声が届きます。

- 脳が発達し、体の機能を コントロールできるようになる
- 皮下脂肪がつき、全体がふっくらとする
- 髪の毛がのびる
- まぶたが開く

◀鼻の穴が開通し、まばたきをします。くるくる回転するのでさかごになることも。

23 妊娠7カ月

妊娠8カ月

28〜31週

いよいよ妊娠後期 赤ちゃんも準備万端!?

この時期から妊娠後期に入ります。妊婦健診も2週間に1度になり、ママのおなかはさらに大きく重くなってきます。赤ちゃんは誕生に向けて、肺呼吸の練習を始めるころです。

妊娠高血圧症候群に要注意

急におなかが大きく目立つようになり、妊娠後期に入ります。妊婦健診は2週間間隔になりますが、後期は妊娠高血圧症候群（→P122）になりやすい時期です。体重がどんどん増えたり、むくみが続いたりしたら、早めに医師へ相談しましょう。

また、入院に必要な荷物のリストアップを始めてください。

そろそろ入院準備を始めておこう！

- 乳首が黒ずみ、大きくなる
- おなかがせり出して、張ることも多くなる
- おりものが増える

ママの体にあらわれるさまざまな症状

☐ 食欲がなくなる
胃が圧迫されるので、もたれるような感覚になり、食欲がなくなる人もいます。

☐ おりものの量が増える
ホルモンの変化で初期に続き、後期もおりものが増えます。色やにおいが気になったら受診しましょう。

☐ 足元が見えにくくなる
おなかが大きくなるため、足元が見えにくくなります。転ばないように細心の注意を払いましょう。

☐ 動悸や息切れが起こる
子宮へ血液の量が多く流れること、大きくなった子宮に心臓や肺が押し上げられることなどで起こります。

妊娠8カ月に
しておきたいこと

☐ **里帰り出産の人は帰省することも**
転院先の健診を受ける必要がある場合は、一度帰省します。大きいおなかでの移動は、張りを引き起こしやすいので、余裕を持って里帰りを。 → **92**ページへ

☐ **入院の準備を始める**
どんなトラブルが起こるかわからないので、いつ入院してもいいように必要なものをリストアップし、旅行バッグなどに詰めておきます。 → **108**ページへ

☐ **地域の助成や手当を確認する**
妊娠、出産には多くの費用がかかりますが、地域によって助成や手当が受けられます。申請の仕方などは事前に確認しましょう。 → **196**ページへ

☐ **赤ちゃんのスペースを確保**
退院後、自宅での赤ちゃんの居場所をあらかじめ準備しておきます。赤ちゃんが快適に過ごせる空間をつくりましょう。 → **90**ページへ

☐ **家を空ける準備をする**
入院中、ママがいなくても家族が過ごせるよう、冷凍できる食材は冷凍する、つくり置きをするなど留守宅に備えて準備をします。 → **112**ページへ

先輩ママのアドバイス

入院グッズはひとつにまとめる

入院グッズはいつでも持ち出せるように、玄関に準備しておいて! 外出先で陣痛が始まっても、家族に持ってきてもらえます。

この時期の赤ちゃんのようす

子宮の中の赤ちゃん

細かい動きができるようになり肺呼吸の練習も始める

羊水の中を自由に動き回っていた赤ちゃんも次第に位置や姿勢が一定になります。また、骨格がしっかりし、中枢神経の機能も発達するので細かい動きができるようになります。

- 位置や姿勢が定まり、ほとんど頭位になる
- 聴覚がほぼ完成する
- 骨格がほぼ完成し、筋肉や神経系の動きが活発になる
- 横隔膜を動かして肺呼吸の練習を始める

◀目や鼻、耳などがよりはっきりし、顔立ちがはっきりと見えるようになります。

妊娠 9ヵ月
32〜35週

出産の準備を着実に進めよう

いよいよ産休に入ったり、里帰り出産のために実家に戻ったりする時期です。いつでも入院できるように念入りに準備を進めておきましょう。出産の流れも頭に入れておくと安心です。

リラックスして出産を待とう

ついに出産が間近に迫ってきました。初産のママは特に不安とドキドキで胸がいっぱいでしょう。しかし、**出産間近だからこそ精神的に安定して過ごしたいもの**です。ゆったりした気分でリラックスして過ごすことを心がけます。入院、退院の準備はもちろん、赤ちゃんのグッズも万端に用意しておきましょう。

赤ちゃんの名前の候補を絞っておくといいかも！

- 動悸や息切れがひんぱんに起こる
- 尿トラブルに襲われる
- 足がむくんだりつったりする

□ 前駆陣痛が起こる
痛みが不規則で強くなったり弱くなったりした後に消える陣痛のこと。安静に過ごしましょう。

□ 内診後出血する
子宮の出口がうっ血しているので、内診だけで出血するということもあります。

ママの体にあらわれるさまざまな症状

□ 胃がムカムカする
子宮はどんどん大きくなり、みぞおちのあたりまで達するので、胃が押し上げられ、ムカムカします。

□ 頻尿、尿もれになる
子宮によって膀胱が圧迫されるので、頻尿や尿もれも起こりやすく残尿感があることも。

□ 足のトラブルが起こりがち
おなかの重さで足への負担が大きくなり、足がむくんだりつったりとトラブルが起こりやすくなります。

妊娠9カ月にしておきたいこと

☐ **入院の準備を完了させる**
出産ですぐ使う必需品と入院時の荷物を分けておくと便利です。入院手続きに必要な保険証や診察券のほか、現金なども用意します。
→ **108** ページへ

☐ **里帰り出産の人は帰省する**
34週ごろまでに帰省をすませておきます。これまで通院していた病院からは今までの経過と検査データを含んだ紹介状をもらいます。
→ **92** ページへ

☐ **呼吸法をマスターする**
出産のときにママが緊張していると、痛みを強く感じるほか、出産に時間がかかります。リラックスして臨めるように呼吸法を身につけましょう。
→ **106** ページへ

☐ **食事のとり方を工夫する**
胃がもたれるので、少量ずつ数回に分けて食べられる分だけ食べるなど、無理しないように工夫します。
→ **42** ページへ

☐ **産後必要な手続きを確認**
出生届のほか、出産手当金など手続きをすれば受け取れるお金があります。産後あせらずにすむよう、事前に調べておきます。
→ **196** ページへ

先輩ママのアドバイス

赤ちゃんとの生活を想像してみて
産後は慣れない育児でバタバタしがちなので、今のうちに赤ちゃんのお世話の仕方などをイメージしておくと安心です。

この時期の赤ちゃんのようす

子宮の中の赤ちゃん

肺機能が成熟し赤ちゃんらしい外見に

皮下脂肪がつき、体つきが丸みをおびてピンク色の肌になるので、ほぼ新生児と変わらない外見になります。また、呼吸機能や飲む力も発達してきます。

- 皮下脂肪が増え、ふっくらした体になる
- 肺機能が成熟する
- 全身の産毛がなくなり、つやのある肌に
- 髪の毛が長くなり、爪が指先までのびる

◀皮下脂肪がつくため、エコー写真では体がふっくら写るようになります。

妊娠9カ月

妊娠 10ヵ月
36〜39週

陣痛がきてもあわてないように

いつ陣痛が始まってもいいように、準備を整えておきましょう。深夜でも対応できるよう、病院の時間外の受付場所や電話番号、タクシー会社の連絡先なども入念にチェックして。

あまり気を張らずにゆったり過ごして

いよいよ**出産予定日が近づき、ママの体も出産する準備を始めます**。気持ちもそわそわしてくるでしょう。

赤ちゃんが下へ移動するので、おなかの位置が下がったと感じるでしょう。胃の圧迫感がなくなるので食欲は戻りますが、おなかの張りも1日に数回あります。赤ちゃんに会えるまであと少し。ゆったりとした気分で待ちましょう。

いよいよ赤ちゃんとご対面だね！

- 子宮が下がる
- おしるしや前駆陣痛が起こる
- 頻尿や尿もれが多くなる

ママの体にあらわれるさまざまな症状

☐ 子宮の位置が下がる
みぞおちの上くらいまであった子宮が下がり、胃がラクになります。赤ちゃんも下へ移動します。

☐ 白っぽいおりものが増える
赤ちゃんが産道を通りやすいよう、白っぽくサラサラとしたおりものが増えます。

☐ 膀胱がより圧迫される
胃への圧迫感はなくなりますが、膀胱への圧迫感は変わりません。頻尿、尿もれに悩まされます。

☐ 出産の兆候がある
おしるしがあったり、不規則なおなかの張りが見られたりと、出産が始まる兆候があります。

☐ 下半身が突っ張る
赤ちゃんの大きさに伴って、ママの背中から下半身はさらに突っ張ります。腰痛は変わらず続きます。

妊娠10カ月にしておきたいこと

- [ ] **育児グッズを完備する** — 赤ちゃんがいつきてもいいように、育児グッズの用意は完璧にしておきましょう。退院時の肌着やおくるみなどもそろえます。 → **86**ページへ

- [ ] **お産の流れを確認する** — いつお産が始まってもあわてないようにしっかり流れをシミュレーションしておきます。破水した場合はすぐ病院へ連絡を。 → **152**ページへ

- [ ] **パパと打ち合わせを** — お産が始まったときの段取りや、ママがひとりのときに始まったらどうするかなどを綿密に話し合います。留守中の家のことも忘れずに。 → **112**ページへ

- [ ] **外出時もお産に備える** — 外出時は母子健康手帳、健康保険証、診察券などを携帯しておきます。入院グッズは玄関などに置いて、すぐ持参できる準備を。 → **112**ページへ

- [ ] **ゆったりと過ごす** — 臨月に入ると、いつ出産のサインが始まるのかとあせることも。赤ちゃんのためにもママはリラックスしてその時を待ちましょう。 → **112**ページへ

先輩ママのアドバイス

出産予定日はあまり気にしない

出産予定日が近づくにつれてそわそわしました。周囲にもまだかと聞かれ、不安も感じましたが、今思うとムダな心配。赤ちゃんのためにリラックスして過ごして。

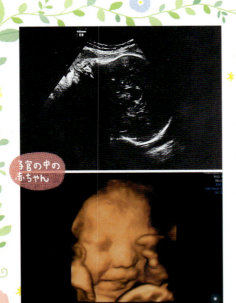

子宮の中の赤ちゃん

この時期の赤ちゃんのようす

体の機能はすべて成熟し、いつ生まれてもよい状態に

赤ちゃんの体は4頭身になり、内臓や神経系も成熟してきます。骨盤内まで下りてきて、子宮の入り口に頭をつける体勢をとり、生まれる準備もできています。

- ふっくらと4頭身になり、肌はピンク色に
- 肺機能や体温調節機能などが成熟する
- 免疫力がアップする
- 産道を通る体勢をとる

◀すっかり新生児と同じ外見に。一般的に体重が2500gを超えると成熟児といわれます。

妊娠判明前の気がかり

妊娠に気づく前の習慣が赤ちゃんに影響があるか、
気になることも多いですよね。これから気をつければいいことがほとんどですが、
不安なことがあれば医師に相談を。

> 妊娠前にこんなことしてました。
> これって大丈夫？

登山や激しいスポーツをした

赤ちゃんへの影響は心配しなくて大丈夫。ただし、妊娠初期はホルモンが大きく変化するため、急に体調が悪くなることも。登山や集団スポーツなど途中でやめられないもの、おなかに負担がかかる運動は控えましょう。

お菓子やジャンクフードばかり食べていた

妊娠がわかってから食生活を改善すれば問題ありません。妊娠初期は赤ちゃんの重要な器官が成長する時期なので、赤ちゃんにしっかり栄養が届くようにバランスのよい食事を心がけてください。

仕事が忙しく徹夜したことも！

おなかの赤ちゃんに影響をおよぼすことはほとんどないので、大丈夫。ただし、妊娠週数が進むにつれてママの体調は変化しやすくなるので無理は禁物です。少しでもようすがおかしいと思ったら休んでください。

レントゲンをとった

妊娠初期であれば、レントゲン撮影がおなかの赤ちゃんに悪影響をあたえることはほとんどないでしょう。一番被ばく線量が多いとされる骨盤部CTでも、赤ちゃんに影響をおよぼす恐れのある量の1/4程度なので、問題はありません。

エステやマッサージへ行った

影響があることはまれですが、子宮を刺激するマッサージを行うところもあるので、今後は控えたほうがいいでしょう。妊娠発覚後はマタニティ専門の施術に変えましょう。

風邪かと思って市販薬を飲んだ

薬局で簡単に手に入る風邪薬の中に赤ちゃんに重大な影響をおよぼす心配のあるものはまずありません。病院で処方された薬でもリスクがあることはほぼないでしょう。気がかりなことがあれば医師に相談をしてください。

飲酒・喫煙を毎日していた

アルコールやたばこが赤ちゃんに影響をおよぼすのは妊娠4週ごろからといわれています。赤ちゃんが順調に育っていることが確認されているなら、影響については心配しなくて大丈夫です。しかし、妊娠がわかった時点で断ちましょう。

1章

妊娠中の過ごし方

安産を目指して！

妊娠が発覚したら、普段よりも気を付けて生活をしなければなりません。赤ちゃんに会える日を楽しみにしながら、無理せず、妊娠生活をおもいっきり楽しみましょう。

Maternity Photo

妊婦健診で母子の健康をチェック

初期 → 臨月

これだけは！ 健診を受けて赤ちゃんを育もう

妊娠を確認したら、出産まで定期的に妊婦健診を受ける必要があります。特に妊娠後期は、1週間に1度のペースで通います。

健診では、妊娠経過が問題なく進んでいるかを確認するため、赤ちゃんの心拍を調べたほか、尿検査や体重測定、血圧測定などを行います。健診の際はリラックスして臨みましょう。

服装は着脱しやすいことを重視して選びます。前開きのトップスやスカートが便利。

妊娠検診の回数と目安

初期	中期	後期

- 妊娠2カ月（4〜7週）　**2〜3週に1回**
- 妊娠3〜4カ月（8〜15週）　**2〜4週に1回**
- 妊娠5〜6カ月（16〜23週）　**4週に1回**
- 妊娠7〜9カ月（24〜35週）　**2週に1回**
- 妊娠10カ月（36〜39週）　**1週に1回**

流産の危険性のある初期や臨月は多めに健診があります。安定期は間隔があきます。

毎回行う基本の検査

ママの状態やおなかの中で赤ちゃんが順調に育っているかを調べます。毎回欠かさず受診しましょう。

体重測定

体重は増え過ぎても減り過ぎてもいけません。生活を整えて、1カ月に1kg増える程度が理想です。

尿検査

尿中にたんぱくや糖が出ていないかを調べます。（＋）が2回以上出たら、妊娠高血圧腎症のリスクがあるので要注意。

浮腫検査

妊娠中はただでさえ足がむくみやすくなります。足のすねを押してへこみの戻りが遅くないかをチェックします。

血圧測定

最高血圧が140mmHg以上、最低血圧が90mmHg以上だと妊娠高血圧症候群の疑いがあります。緊張すると結果がずれるのでリラックスして測定を。

check point

- ☐ 妊娠が判明したら、出産まで定期的に健診を受けなければいけない
- ☐ スムーズに健診が受けられるように準備し、服装に気をつけよう
- ☐ 健診は緊張せず、深呼吸してリラックス状態で受けよう

🚩 健診時のファッションをチェック！

OK

おしゃれよりも着替えがしやすいものを選ぶのがポイントです。腕をまくりやすい、おなかを見せやすいということを意識して。

メイク
顔色や唇の色などでも健康状態を見るので、厚化粧ではなくナチュラルメイクに。

トップス
血圧を測りやすいよう腕まくりをしやすいものや、簡単におなかを見せられるものを選びます。

ボトムス
内診台で足を広げる必要があるので、タイトスカートではなくフレアスカートなどを。

足元
脱ぎづらいブーツや、ひもを結ばなければいけないスニーカーは避け、ぺたんこのローファーやスリッポンを。

NG

脱ぎづらい服装だとスムーズにできないよ

体のラインにフィットしたものや、すぐにおなかを見せられないワンピース、タイトスカートなどは避けましょう。

問診

妊娠の経過を医師と話します。経過中に不安なことや疑問があったら、このときに遠慮なく質問を。

ママと赤ちゃんのためにたくさんの検査をするよ

超音波検査

超音波を発するプローブを腟内に入れて検査したり（初期）、おなかにあてて赤ちゃんのようすを見たりします。

超音波ドップラー検査

おなかの上からドップラー装置をあてることで、赤ちゃんの心拍音が正常に聞こえるかをチェックします。

腹囲・子宮底長測定

腹囲で子宮の大きさを、子宮底長（恥骨中央から子宮の一番上までをいう）で赤ちゃんの大きさを計測します。

外診

おなかに手をあてて、おなかの張りや子宮のかたさ、赤ちゃんの姿勢や位置、大きさなどを診ます。

必要に応じて行うその他の検査

万が一のトラブルやリスクに備えて、必要であれば受ける検査があります。

妊娠初期・後期に行う
内診

医師が膣内に指を入れて、片手をおなかの上に置き、子宮の大きさや赤ちゃんの位置を調べます。妊娠後期には子宮口の開き具合を診察します。

体の力を抜いてリラックスしてね!

妊娠後期に行う
NST（ノンストレステスト）

妊娠34週以降に赤ちゃんの心拍数やママの子宮収縮をチェックし、出産のストレスに耐えられるかを調べます。

妊娠後期に行う

骨盤X線検査

ママの骨盤の大きさを調べるとともに、赤ちゃんの頭の大きさを計測し、適した出産方法を選びます。

妊娠初期・中期・後期に行う
血液検査

血液検査では、赤ちゃんとの血液適合、B型肝炎などの感染症、貧血の有無などを調べます。

血液検査で調べること

- 血液型 ♥ 血糖値 ♥ 貧血 ♥ 風疹抗体
- B型肝炎ウイルス抗原 ♥ C型肝炎ウイルス抗体
- 梅毒 ♥ 成人T細胞白血病 ♥ HIV　など

※検査の内容は病院によって異なります。

→ くわしくは117ページへ

34

マナー Point

パパが妊婦健診に同行するときのルールは?

待合室が混んでいるときは立って待つ、携帯電話はマナーモードにするなど気遣いの気持ちを忘れずに。中には男性禁止の病院もあるので、同行してよいか事前に確認をとりましょう。

- 騒いだり、ふたりでイチャイチャするのは禁止
- 混雑時は席を他の妊婦に譲る
- 診察室に同行するときは医師に事前に伝える
- 携帯電話はマナーモードにする

こんな症状は報告を
- おりものの異常・陰部のかゆみ
- おなかが張る・出血がある
- つわりがひどい
- 便秘が続いている

もっと知りたい! 妊婦健診についての Q&A

Q1 健診日ではないけどトラブルが起こったら?
A. 出血があったりおなかの張りがひどかったりと、トラブルで不安になったら悩まずすぐ医師に連絡し、診断してもらいましょう。

Q2 健診前に食べたものは検査に影響がある?
A. 尿検査では尿糖や尿たんぱくの数値を調べるので、甘いものを食べ過ぎると検査に影響があります。検査前は控えて。

Q3 尿検査でどうしても尿が出ないときは?
A. 検査直前にはトイレに行かないように意識します。また、検査する尿は少量なのであまり気にすることはありません。

Q4 内診が苦手です。できればしたくないのですが……。
A. 抵抗のある人も多いでしょうが、内診で病気や早産などの早期発見ができます。嫌がらず必ず受診しましょう。

Q5 問診時に質問したいことが多い場合は?
A. 診察時間は限られています。質問は2〜3件にしぼります。どうしても聞きたいことはメモしておき、質問しましょう。

Q6 超音波写真はどうやって保管すればいいの?
A. 感熱紙に印刷されているので、そのままにしておくと消えてしまいます。光にあてないように保存するのがおすすめです。

この時期に！ 初期

自分に合った産院選びのポイント

これだけは！
しっかりリサーチして産院を決めよう

産院は出産前から産後まで長く利用するので、本当に自分に合う場所を選びたいものです。自宅からの距離、雰囲気、スタッフの対応など何を重視するかはママ次第。ただ、人気の産院はすぐに予約が埋まってしまうので、早めにリサーチすることをおすすめします。

産院には、総合病院、産婦人科病院、助産院などの種類があります。それぞれ規模やメリットが異なるので、比較しながら選びましょう。

⚑ 産院選びの条件を考えよう

赤ちゃんと出会う瞬間をすばらしいものにするために、家族でよく相談して決めます。

- 自宅から産院までの距離はどのくらい？
- スタッフの対応は？
- 産後は母子同室？それとも別室？
- 里帰り出産をする？しない？
- 妊娠〜出産までの費用はどのくらいかかる？
- 希望している出産スタイルはできる？
- 持病やハイリスク出産の可能性はある？その対応はどう？
- 緊急時の医療態勢はどう？

どこにしよう…？

パパといっしょに考えてみよう

check point

- ☐ 産院はしっかりリサーチして、できるだけ早めに選ぼう
- ☐ 自分に合う特徴の産院を選んで、満足いく出産を
- ☐ 費用や施設の充実など、こだわりを持って慎重に選ぼう

産院の種類と特徴

産院によって規模やスタッフの数、緊急時の対応などはそれぞれ異なります。各産院の特徴を知って、自分に合う産院を選びましょう。

助産院
特徴は…
アットホームな雰囲気

助産師が開業している施設で、医師はいません。したがって、医療行為はできませんが、温かい雰囲気で出産したい人に人気です。ハイリスク出産の場合は断られることがあります。

大学病院
特徴は…
ハイリスク、緊急時に対応

NICU（新生児の集中治療室）や緊急時の医療対応ができるので、ハイリスク出産の場合などに安心です。ただし、毎回、担当の医師が変わることがほとんどです。

産婦人科病院
特徴は…
お産のプロが集まる

産科専門の医師や助産師さんが集まります。小児科を併設しているところもあるので、産後も長く利用できます。同じ時期に出産するママ友ができやすいという特徴もあります。

総合病院
特徴は…
各科の専門医がそろう

産科以外にも内科や小児科など、複数の診療科があるので万が一のトラブルが起こったときや合併症のある場合に安心です。スタッフの数も充実しています。

個人病院・クリニック
特徴は…
同じ医師に診てもらえる

産科専門医が個人で開業している施設です。ベッドの数が20以上あれば「病院」、19以下では「クリニック」と呼びます。同じ医師に毎回診てもらえるという安心感があります。

先輩ママの ここで産院を決めた！

予算面
産院によって健診費用や出産費用は大きく異なります。個室か相部屋かなどでも変わるので、事前にリサーチを。

産後の母乳対応
助産師さんによる母乳指導があるかどうかチェックします。退院後も相談にのってもらえるかがポイントです。

施設の充実
病室の雰囲気の他、マタニティヨガや産後のベビーマッサージのクラスなどが充実しているかを見ます。

電話対応
スタッフの対応は電話対応がよいかどうかでわかります。診療の予約の電話や問い合わせの対応をチェックします。

Key Word
"助産師"の役割とは？

妊娠中はママの体や心の不安を解消し、お産のときは呼吸法をリードしたり痛みを緩和するマッサージをしたりと、順調にお産が進むようリードしてくれます。トータルで妊娠、出産を支えてくれる存在です。

この時期に！ 初期 → 臨月

100%活用できる 母子手帳の使い方

母子健康手帳は産科で妊娠と診断されたら、住んでいる市区町村の役所などでもらいます。妊娠の経過や赤ちゃんの成長だけでなく、妊婦健診の際に医師に聞きたいことや不安に思っていることなどを自由に書き込むスペースもあります。妊娠中にナーバスにならないよう、不安に思ったことなど、どんどん書くとよいでしょう。

母子健康手帳は妊婦健診だけでなく、万が一に備えて外出時には必ず持参します。

これだけは！
健診だけでなく外出時にも必ず持参を

🚩 母子手帳の内容

妊娠中の経過の記録や予防接種の記録など、全国で共通する内容と市区町村の任意で書かれる内容があります。

- 妊娠中の健診の記録
- 妊娠中、産後の食事ガイド
- 出生届出済証明
- 妊婦の職業と環境について
- 検査の記録
- 母親学級の受講記録
- 出産時の状態
- 産後の母体の健康の記録
- 新生児の産後の経過
- 乳幼児の健康診査
- 予防接種の記録
- 乳幼児発育曲線の表
- 育児のポイント
- 今までにかかった病気の記録
- 事故、悩み相談時の連絡先

など

母子手帳の Q&A

※自治体によってデザインは異なります。

いつもらえる？
妊娠が確定し、赤ちゃんの心拍が確認できたらもらいます。

どこでもらえる？
住んでいる市区町村の役所で妊娠届を提出後、もらえます。提出に必要なものは事前に確認を。

いつから使う？
交付されたらすぐに使います。毎回の健診や外出時には必ず持参します。

check point

- ☐ 母子手帳に記入される内容について知っておこう
- ☐ 住んでいる市区町村の役所で妊娠届を提出するともらえる
- ☐ 母子手帳の読み方を知ろう

38

母子手帳の読み方

健診でわかるママと赤ちゃんのようすが書かれます。基本的な用語や記号の意味を把握しないと、正しい理解ができません。

母子手帳には情報がぎゅっと詰まっているね！

① 妊娠週数	健診時の妊娠週数です。wはweek（週数）、dはday（日数）。
② 子宮底長	恥骨の上から子宮の最上部までの長さのこと。
③ 腹囲	おなかの周囲の長さ。赤ちゃんの大きさとは関係ありません。
④ 血圧	安静時に計測します。妊娠高血圧症候群かどうかわかります。
⑤ 浮腫	むくみのことです。足のすねを指で押し、へこんだ部分の戻りが遅いとむくんでいる証拠です。
⑥ 尿蛋白	尿にたんぱく質が出ていないか調べます。+以上が連続すると要注意。さらに検査が必要に。
⑦ 尿糖	尿に糖が出ていないかを調べます。糖が連続して出ると妊娠糖尿病の可能性があります。
⑧ その他の検査	超音波検査で赤ちゃんの体位や心音を調べます。特に異常がないと無記入の場合も。
⑨ 特記事項	処方した薬や治療内容、「体重増加」「塩分制限」などママへの注意事項が書かれます。

記入しておくと思い出にもなる！

赤ちゃんの成長とともに妊娠中ママが感じたことなどを書いておくと、後から見返したときよい思い出になります。

忘れずに！
妊娠中は常に母子手帳を持ち歩きましょう

母親学級や歯科治療などには常に持参し、医師や助産師に必要事項を記入してもらいます。外出時にも必ず持参を。

この時期に！ 初期 → 中期

妊娠報告はタイミングよく伝えよう

これだけは！ タイミングとマナーを守って報告しよう

妊娠は大変喜ばしいことですが、周囲への報告はいつごろ、誰に、どうやって伝えるかがポイントです。双方の親には一番に報告し、その他の親戚にはどの範囲まで報告するか判断します。

また、働くママは報告とあわせて、出産後も継続して働くか、退職するかを決める必要があります。産休などで会社に迷惑をかけることになるので、上司へは早めに報告し、相談しましょう。

親に伝える

◎この時期に◎
妊娠が確定したら

双方の親には赤ちゃんの心拍が確認されたら報告を。ただし、双方で報告のタイミングがずれないよう注意し、実父母に先に報告して、義父母は後回しなんてことにならないようにします。

🚩パパに伝える

◎この時期に◎
妊娠に気づいたら

パパはもちろん喜んでくれますが、何の前触れもなく報告するととまどってしまうことがあるのも事実です。「今日はうれしい知らせがある」などと先に伝えておくと心の準備ができるはずです。

check point

- ☐ 誰にいつ、どうやって報告するかをしっかり考えよう
- ☐ 職場には産後も仕事を続けるかなどを決めてから報告しよう
- ☐ 授かり婚の場合は誠実な態度で報告を。挙式は安定期にしよう

もっと知りたい！妊娠報告のQ&A

Q3 友人にはSNSやメールで伝えてもよい？
A. 親しい友人にはメールで報告してもかまいません。ただし、SNSは不特定多数が閲覧する可能性があるので控えましょう。

Q2 上の子にはいつ伝える？
A. タイミングはいつでもかまいません。年齢にもよりますが、子どもがわかりやすいように説明してあげましょう。

Q1 安定期に入るまで黙っていてもいい？
A. 妊娠中は万が一のこともあるので、問題ありません。心配なら親にのみ報告して、親戚などには口止めしてもらっては。

🚩 授かり婚の上手な伝え方

Point 1 自分たちが幸せだという気持ちをきちんと伝える

Point 2 感情的にならないように注意して伝える

年配の人にはあまりよい印象を持たれていない授かり婚。大切なのは「妊娠したから結婚するわけではない」ということを伝えることです。誠実な態度を心がけましょう。

教えて！ 結婚式をするタイミングは？
妊娠5〜6カ月の安定期に挙げる、もしくは出産後落ち着いてから挙げるパターンがあります。妊娠中は無理しないように注意します。

授かり婚の結婚式も、通常の結婚式と大きな違いはほとんどありません。体調を一番に優先して。

友人に伝える

❀ この時期に ❀
安定期に入ってから

サラッと伝えることが大切です。例えば妊娠を希望しているのになかなか恵まれない友人がいたとしても、気を使うとかえって傷つけてしまいます。妊娠の事実のみを冷静に伝えましょう。

🚩 職場に伝える

❀ この時期に ❀
安定期前後

報告する前に産後も仕事を続けるかどうか、産休に入るタイミングなどをあらかじめ決めておきます。直属の上司には早めに伝えておき、同僚などには安定期に入ってから報告します。

→ くわしくは54ページへ

親類に伝える

❀ この時期に ❀
安定期以降

親戚全員に直接報告する必要はないので、ここ1〜2年以内に連絡を取り合った親類にのみ報告します。ただ、地域の風習などもあるので親類への報告は親に相談してからにしましょう。

初期 → 産後

時期に合った食生活でママも赤ちゃんも健康に！

これだけは！妊娠中は普段より食生活に気をつけて

バランスの悪い食生活を送っていると、妊娠中のトラブルにつながり、おなかの赤ちゃんにもよくありません。ポイントは、**普段よりもバランスのよい食事を心がけること**です。特に主食は大切なので、欠かさないようにします。

また、ビタミンやミネラルなど妊娠中に摂取したほうがよい栄養分がある一方、塩分など控えたいものもあります。おなかの赤ちゃんのためにも、食生活に気を配ります。

★ 妊娠中の食事のとり方

初期

妊娠1〜4カ月
つわりのある時期は
好きなものを
食べられるだけ

妊娠初期は、ママが食べられなくても赤ちゃんの成長にあまり影響はありません。食べられるものを見つけて、少量ずつ食べましょう。

中期

妊娠5〜7カ月
食欲が戻るので
食べ過ぎには注意

つわりが治まって、食欲が戻りますが、この時期は体重増加に要注意。太り過ぎは合併症の原因となるので、1カ月に +1kgを目安に。

後期

妊娠8〜10カ月
低カロリー&低塩分を
心がけ、体重をコントロール

子宮が胃を圧迫するので、食欲が減退します。妊娠高血圧症候群（→122ページ）になりやすい時期なので、塩分をとり過ぎないように注意します。

産後

授乳期
バランスのよい食事で
赤ちゃんに栄養を

育児で忙しい日々が続きますが、授乳するので1日3食はとるようにします。栄養のある母乳にするためには、たんぱく質を多くとることが大切です。

check point

- ☐ 妊娠の時期に合わせた食事のとり方を知っておこう
- ☐ 1日に必要な栄養素について知識を深めよう
- ☐ 1日の食事とカロリー摂取の仕方について考えよう

42

妊娠中はいつもよりも「バランスのよい食事」を意識して！

主食は毎日取り入れ、主菜、副菜で1日に必要な栄養素を摂取します。

［乳製品］	［副菜］	［主菜］	［主食］

カルシウムは普段から不足しがちなので、積極的に牛乳やチーズなどの乳製品で補うようにします。

副菜は毎食1〜2皿用意することを意識し、ほうれん草などの緑黄色野菜を中心に食べます。

肉、魚、卵、大豆料理をバランスよく取り入れて、たんぱく質を摂取し、偏食しないよう気をつけます。

赤ちゃんがしっかり成長するエネルギー量を確保するために、毎日の食事に欠かさず取り入れます。

妊娠時・産後の食事の目安

食事を見直してみよう！

妊娠中は1日に必要なエネルギー量が増えるので、毎食必要な栄養素を欠かさずとりましょう！

妊娠中

妊娠時の1日の食事の目安・2000〜2200kcal

朝食 + **昼食** + **夕食**

じゃこチーズトーストでカルシウムを摂取し、ブロッコリーとにんじんの温野菜サラダ、グレープフルーツでビタミンCを摂取。

主食にはたんぱく質とビタミンが豊富な鮭と小松菜を使ったパスタ。ほうれん草のナムルと野菜スープを添えて栄養満点。

主食はごはん、主菜はかじきまぐろのステーキでビタミンとたんぱく質を摂取。副菜にはきゅうりとわかめの酢の物を。

妊娠中期は ＋**250**kcal **追加したい**
赤ちゃんが大きくなり始めるので、普段より250kcalは多く摂取します。食べ過ぎには注意。

妊娠末期は ＋**450**kcal **追加したい**
＋450kcalと普段よりだいぶ多くエネルギー量が必要ですが、脂質、糖質のとり過ぎには注意。

産後 授乳期は ＋**350**kcal **追加したい**
高カロリーのものはとり過ぎないように注意しつつ、脂肪の少ない魚や大豆加工品を積極的に。

妊娠時 ぜひとも とり入れたい食品

赤ちゃんにもママにも よい食品とは？

妊娠中のママの体はママのものだけではありません。
赤ちゃんが健やかに育つよう、栄養バランスを考えながら
食事をとるようにしましょう。

栄養のPoint 1
"炭水化物"でエネルギーを得る

赤ちゃんの発育の源となるごはん、麺、パンなどの炭水化物は、必ずとりましょう。特にごはんは脂質が少ないのでおすすめです。

栄養のPoint 2
体づくりの基礎 "たんぱく質"をとる

赤ちゃんの体を形成するために重要なのがたんぱく質。肉や魚、乳製品などの動物性たんぱく質、豆腐や納豆などの植物性たんぱく質の両方をとります。

栄養のPoint 3
特に意識して "カルシウム"を摂取

赤ちゃんの骨や歯をつくるために必要なカルシウムは、もともと不足しがち。妊娠中は牛乳や乳製品、小魚などから積極的にとるように心がけます。

栄養のPoint 4
"食物繊維"で便秘予防を

妊娠中はホルモンの影響で腸の働きが鈍くなるほか、子宮が大きくなることで便秘になりがち。乾燥わかめやさつまいもなどで食物繊維をとり、予防して。

栄養のPoint 5
貧血になりがち "鉄分"をたっぷりと

ママの血液から赤ちゃんに酸素や栄養を送られるので、妊娠中は貧血になりやすくなります。赤身肉やレバー、ほうれん草などの緑黄色野菜からとります。

栄養のPoint 6
初期は特に "葉酸"を摂取

ほうれん草やアスパラガスなど、葉酸はビタミンB群に属する栄養素で、赤ちゃんの脳や神経をつくるほか、動脈硬化を予防します。妊娠前から初期には特にとりましょう。

妊娠時できるだけ控えたい食品

知らずに食べないよう注意しましょう

妊娠前に食べていたものでも、妊娠中は注意が必要なものがたくさんあります。加熱しなければいけないものもあるので、知っておきましょう。

❀ ひじき ❀

ひじきは鉄分豊富な食材ですが、海藻類の中ではヒ素が多く含まれています。よく水に戻してから調理し、とり過ぎないように注意を。

❀ 生肉 ❀

生肉や加熱不十分の肉、生ハムは、トキソプラズマ（→ P140）に感染している可能性があるので避けて。

❀ まぐろなどの大型魚 ❀

まぐろや金目鯛などの大型回遊魚は水銀濃度が高いため、赤ちゃんに悪影響をおよぼす可能性があります。

食べる前に食べていいかチェックしよう！

❀ コーヒーや紅茶 ❀

コーヒーや紅茶に含まれるカフェインは、鉄分の吸収を妨げるため、貧血の人は特に注意しましょう。

❀ 揚げ物 ❀

妊娠中は、揚げ物などが食べたくなるものですが、食べ過ぎると妊娠糖尿病（→ P124）のリスクが上昇します。

妊娠がわかった時点で"アルコール"はやめましょう

妊娠中にアルコールを摂取すると、胎盤を通じて赤ちゃんに届いてしまいます。胎児性アルコール症候群といわれる発達障害などの症状を持つ赤ちゃんが生まれる可能性があるので、妊娠中は禁酒しましょう。

❀ 塩分が高めの食品 ❀

塩分をとり過ぎると、妊娠高血圧症候群（→ P122）などのトラブルを引き起こします。塩分の含有量には十分注意し、また塩分の高い外食は控えるようにします。

よく口にするけど大丈夫?
気になる 食べ物

普段何気なく口にしている食べ物にも、妊娠中は控えたほうがよいものがあります。

菓子パン・惣菜パン

あまり神経質になる必要はありませんが、毎食菓子パンや惣菜パンばかりだと栄養が偏ってしまうので注意します。

とうがらし入りの料理

辛い料理は、食べ過ぎると痔などのトラブルを引き起こす可能性があります。ピリ辛程度の辛さなら問題ありません。

洋酒入りスイーツ

お菓子に含まれる洋酒ならたいていは問題ありません。ただ、食べてみてアルコールを強く感じたら控えましょう。

カレー

妊娠中は刺激物は避けたほうがよいですが、カレー程度の香辛料なら問題ありません。ただし、激辛カレーはNGです。

青魚

あじやさばなどの青魚は、含まれる水銀量が少ないうえに栄養バランスも優秀です。心配いりません。

お菓子類

チョコレートなどの甘いお菓子やスナック菓子は要注意。カロリーや塩分が高いので、妊娠高血圧症候群になるリスクがあります。

貝・えび・かに

貝や甲殻類は、加熱していない生のままだと、食中毒になる可能性が高い食べ物です。しっかり加熱して食べましょう。

インスタントラーメン

インスタント食品は便利ですが、塩分が多く、高カロリー。化学調味料などの添加物も入っているので、避けます。

刺し身・寿司

水銀を多く含まない魚であっても、妊娠中は免疫力が低下しています。食中毒になる可能性があるので控えます。

昆布

昆布に含まれるヨードを多量に摂取すると、赤ちゃんの甲状腺に影響が出ることも。毎日食べるのはNGです。

教えて! 外食での選び方のポイント

バランスを考えればOK

外食やコンビニ食は控えたほうがよいといわれても、我慢し過ぎると逆にストレスになり、母体に影響があります。バランスを考えて賢く利用し、ストレスをためないようにしましょう。

- 塩分が控えめなもの
- カロリーの低そうなもの
- 彩りのよいメニューを
- 麺のつゆやソースは残す
- 単品よりも定食を選ぶ

コンビニ食なら…

おにぎりはのり付きのものを選んでミネラルを補給し、具だくさんのみそ汁やサラダなどの副菜をいっしょに買うようにします。

ファストフードなら…

ポテトだけを食べてバーガー類は控えるなどの工夫でできるだけカロリーを抑えましょう。また、昼をファストフードにしたら夜は栄養があるものを。

カフェイン、糖分に注意
気になる 飲み物

お茶やジュースなど、日常的に飲む飲み物にも、
おなかの赤ちゃんにはよくない場合も。

美容ドリンク
特に問題ないものが大半です。商品の中にはパッケージに妊娠中の飲用についての注意書きがあるものもあるので、確認が必要です。

栄養ドリンク
用法用量を守れば、基本的に問題ありません。カフェインや微量のアルコールが含まれるものは避けます。

青汁
栄養は豊富ですが、野菜をとる代わりに飲むのは栄養バランスが崩れてしまいます。補助的に飲むようにして。

ココア
カフェインの量はコーヒーやお茶よりもはるかに少ないですが、多量の糖分が含まれるので飲み過ぎはNGです。

ハーブティー
ノンカフェインなのでよく飲まれますが、ハーブの中には妊娠中に飲んではいけないものも。よく調べてから飲んで。

炭酸飲料
シュワッとした爽快感が好まれますが、コーラにはカフェインが含まれるほか、糖分が心配です。炭酸水を選んで。

スポーツドリンク
水分補給には効果的ですが、普段飲むには糖分が多過ぎます。少量なら問題ありませんが、飲用は避けましょう。

100%果汁ジュース
さわやかな酸味はリフレッシュ効果がありますが、市販のジュースは糖分が多量に含まれています。手作りがおすすめ。

日本茶・緑茶
緑茶にはカフェイン以外にも鉄分の吸収を妨げるタンニンが入っています。玉露茶はカフェインが多いので注意を。

烏龍茶
緑茶と同様にカフェインが含まれているので、飲み過ぎには注意が必要です。1日3杯程度に抑えましょう。

教えて！ 妊婦におすすめの飲み物

マタニティ用のドリンクは種類豊富

食べ物以上に口にすることが多い飲み物。いちいちカフェインの量などを気にしていたら、気が休まらないでしょう。そんなときの救済策が妊娠中でも気兼ねなく飲めるドリンクです。

カフェインレスコーヒー

妊娠中から授乳期まで、カフェインの量を気にせず飲めます。／ネスレ

ルイボスティー

カフェインを含まないだけでなく、リラックス効果がある。／伊藤園

たんぽぽコーヒー

原材料にたんぽぽ根を使った、ノンカフェインの飲料。／ユニマットリケン

その他のおすすめの飲み物
♥麦茶 ♥そば茶 ♥コーン茶 ♥牛乳 ♥炭酸水（無糖）
♥ローズヒップティー ♥ラズベリーティー ♥たんぽぽ茶
♥野菜ジュース

この時期に！ 初期 → 臨月

妊娠中に気をつけたい 薬・サプリメントのとり方

これだけは！
用法用量を守って必要な薬はしっかり服用

妊娠中に薬を服用することを、とても神経質になる人がいますが、正しい知識をつけて必要な薬は服用することが大切です。妊娠週数によっても注意することが異なるので、医師の教えにしっかり従いましょう。自分で判断して勝手に服用をやめたり、用法用量を守らないで飲んだりすることは厳禁です。
サプリメントは食品の代わりにはならないので、適度な摂取を心がけましょう。

妊娠週期別 薬の赤ちゃんへの影響

0〜3週	4〜7週	8〜15週	16週以降
ほとんど影響なし	最も受けやすい	注意が必要	機能発達に注意
まだ赤ちゃんの器官形成が始まっていないので、この時期に薬を服用しても、基本的に問題はありません。	赤ちゃんが重要な器官をつくっている大変大事な「過敏期」とよばれる時期です。できるだけ服用は避けましょう。	赤ちゃんの体や臓器の基本的な部分が完成するので、比較的安全な時期です。ただし、不要な服用は控えて。	薬が器官形成に与える影響は、ほぼありません。赤ちゃんの機能発達に影響をあたえるような薬はNG。

NG やってはいけない 薬の飲み方

赤ちゃんに影響を与える市販薬はほぼありませんが、確証はないので自己判断で服用するのは控えます。他にも勝手に服用をやめるなど、医師へ相談せず自己判断するのが一番よくない飲み方です。

1 いつも飲んでいる薬だからと市販薬を安易に飲む

2 自己判断で量や飲むタイミングを変えてしまう

3 医師に相談せず薬の服用をやめる

4 「妊娠中、薬は飲まない」とかたくなに拒む

check point

- ☐ 薬が赤ちゃんにどんな影響を及ぼすか知っておこう
- ☐ 途中で服用をやめるなど、自己判断で服用するのはやめよう
- ☐ サプリメントのみで、必要な栄養を補おうとするのはやめよう

○ せき止め薬

市販薬でも赤ちゃんに影響のある薬はありません。せきがひどいと、腹圧がかかっておなかが張るので、しっかり薬を服用して抑えましょう。

○ 腟炎の薬

腟の中に入れる腟錠で、抗菌剤や抗真菌剤が処方されます。局所的に使うので赤ちゃんへの影響はありません。しっかり服用して完治を。

○ 切迫流産・切迫早産の薬

子宮が収縮して、流産や早産がさし迫っている状態です。子宮収縮を抑える薬が使用されることがありますが、赤ちゃんへの影響はありません。

○ 点眼薬・点鼻薬

花粉症の人は特に欠かせない点眼・点鼻薬。局所的に使用するだけなので、市販薬でも特に赤ちゃんへの影響は心配ありません。

○ 便秘薬

薬の服用をためらっていると、ひどい腹痛に襲われることもあります。子宮を収縮させない緩下剤が処方されるので、早めに服用を。

× 睡眠薬

妊娠中は不眠になりやすいですが、神経を一時的に麻痺させる成分が含まれているので、可能な限り服用は避けます。

○ 皮膚のぬり薬

問題ありません。ステロイド系の強い薬でも特に赤ちゃんへの影響はありませんが、長時間の使用は皮膚の抵抗力を弱めるので注意を。

薬の種類ととり方

薬局に並ぶだけでも薬は多種多様です。薬の種類別に服用の仕方についての知識を身につけましょう。

○ 解熱鎮痛剤

赤ちゃんへの影響を受けやすい妊娠初期には、アスピリンやアセトアミノフェンを含む薬を使用するとよいでしょう。

△ 抗生物質

市販はされておらず、医師から処方されるのみの薬なので赤ちゃんへの影響を心配することはありません。用法用量を守って服用します。

○ 鉄剤

貧血のママに医師から処方されます。赤ちゃんへの影響はないので、安心して服用しましょう。吐き気などの副作用がある場合は医師へ相談を。

葉酸サプリ

妊娠前から妊娠初期に特に必要な栄養素です。摂取し過ぎると、胎児に悪影響をおよぼす可能性があります。1日1mgに抑えましょう。

マルチビタミン

マルチビタミンにはいろいろな種類のビタミンが入っていますが、ビタミンAは過剰摂取すると赤ちゃんに影響があります。成分の確認を。

カルシウム

カルシウムはもともと不足しがちなので、大豆製品や小魚などで摂取しつつ、サプリメントで上手に補うとよいでしょう。

妊娠中に必要な葉酸、鉄分、ビタミンをとることができます。

サプリメントの種類ととり方

必要な栄養素やビタミンなどを、サプリメントのみでとれると思いがち。過剰摂取に注意を。

妊娠中によい栄養を補うためのもの

サプリメントは、あくまで食事だけではとりきれない栄養を補うためのもの。つわりで何も食べられないという場合は別ですが、必要な栄養はなるべく食事でとるようにしましょう。

中期 → 臨月

太り過ぎ・やせ過ぎは禁物 体重コントロール法

これだけは！ 食生活を見直して体重を管理しよう

妊娠中は、体重をコントロールすることが求められます。妊娠すると、赤ちゃんの体重に加えて羊水、胎盤の重さなどで体重が増えるのはあたり前です。ただし、体重が増え過ぎると妊娠高血圧症候群や妊娠糖尿病を引き起こしたり、難産になったりする可能性があります。

元気な赤ちゃんを産むためにも自分にとって適正な増加体重を知り、しっかり体重管理をしましょう。

自分のBMI（体格指数）をCHECK!

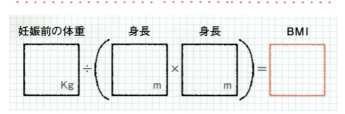

BMIとは… BMIは上記のように「体重(kg)÷｛身長(m)×身長(m)｝」で算出した適正体重のことです。BMIを割り出して、ベストの体重を知りましょう。

肥満	普通	やせ
BMI 25.0以上	BMI 18.5〜25.0未満	BMI 18.5未満

妊娠中の体重増加の目安

↓	↓	↓
5kg	7〜12kg	9〜12kg

体重オーバーは産後の体形が戻りにくくなる原因にもなるよ！

check point

- ☐ 自分のBMIを計算して、適正な増加体重を知ろう
- ☐ 太り過ぎると合併症や難産になる可能性があることを知ろう
- ☐ やせ過ぎると低出生体重児が生まれる可能性があることを知ろう

なぜ やせ過ぎは いけないの?

赤ちゃんが発育不全になり産後のママもエネルギー不足に…

ママの栄養摂取量が少ないので、赤ちゃんに十分な栄養が行き渡らず、低出生体重児で生まれる可能性があります。ママも産後の体力が低下し、母乳に影響がおよぶことも。

太り過ぎのリスク

- 赤ちゃんに栄養が届きにくく、発達に影響することがある
- 貧血など体調不良が起こりやすい
- お産をのり切る体力が不足する
- 産後に母乳が不足しやすい

なぜ 太り過ぎは いけないの?

妊娠中にさまざまなトラブルが生じる危険性が

妊娠高血圧症候群や妊娠糖尿病などの合併症を引き起こすリスクがあり、母子ともにトラブルが生じます。また、お産に時間がかかるほか、産後の体重が戻りにくくなります。

太り過ぎのリスク

- 妊娠糖尿病になりやすい
- 疲れやすい
- 妊娠線ができやすい
- 皮下脂肪で産道が狭くなり、難産になりやすい
- 会陰切開や会陰裂傷の傷が治りにくい
- 体重・体格が元に戻りにくい

妊娠中の体重増加の内容

赤ちゃん	約 **3** kg
羊水	約 **0.5** kg
胎盤	約 **0.5** kg
子宮・発達する乳腺	約 **1** kg
増加する循環血液量	約 **1.5** kg
=	
+	約 **6.5** kg

51　1章●妊娠中の過ごし方

体重コントロール6つのヒケツ

食欲の増す安定期以降は、食べ過ぎに注意しましょう。
とくに年末年始や誕生日など、イベントがある時期は要注意です。

その4
塩分・脂肪分を控える

塩分や脂肪分のとり過ぎは妊娠高血圧症候群を引き起こす原因になります。薄味の味つけにしたり、外食は控えたりと工夫しましょう。

その1
体重はこまめにはかる

毎日同じ時間に計測するなどと決めて、定期的に体重をはかります。計測するだけで体重を管理することへの意識が高まるでしょう。

その5
増加は1カ月 1kgが目安

短時間で急激に体重が増えるとトラブルに。1週間で500g以下の増加に抑えるのが理想的な増え方です。定期的に体重をはかることが大切です。

その2
食べたものを日記につける

どんなものを食べたのか、その都度日記などに記録しておきます。記録することで食べ過ぎや無意識に食べ過ぎてしまうことを抑えられます。

その6
間食・寝る前の飲食は控える

3食を規則正しい時間に食べるのが基本です。就寝中はエネルギーをほぼ消費していないので、寝る3時間前からは食べないように心がけます。

その3
軽い運動をする

安定期に入ったら、ウォーキングなどをして体を動かしましょう。床の拭き掃除やトイレ掃除など、家事で体を動かすだけでも運動に。水分補給を心がけて。

食生活を見直して体重をコントロール

妊娠時期に応じて、食事のとり方を考えてみましょう。必要な栄養は欠かさないように。

"体重が変化しやすい時期とは?"

初期	中期	後期	臨月
つわりで減ることも	**食欲が出るころ**	**胃が圧迫される**	**意外と油断しがち**
つわりであまり食べられず、体重が減るママも多いようです。食べられるものを少量ずつ食べて。	つわりが治まり、安定期に入るため食欲が戻ります。この時期に急激に増加しないように注意を。	おなかがどんどん大きくなり、胃が圧迫されます。少量ずつ何回かに分けて食事をとりましょう。	子宮の位置が下がり、胃への圧迫感が消えるため食欲が戻ります。体重増加には注意します。

野菜は多めにとる
野菜は毎食たっぷりとり、必ず主菜や副菜に取り入れます。具だくさんのスープや温野菜などにするのがおすすめです。

おやつは食べ過ぎない
おやつは控えるのが基本です。ただ、我慢し過ぎるのもストレスになるので、たまの楽しみにしましょう。

食べるときはゆっくり噛む
ゆっくりよく噛んで食べることで満腹感を得られ、食べ過ぎを防ぐことができます。早食いにならないように意識的に行います。

こってり味は控える
妊娠中は薄味を心がけます。薄味でも赤唐辛子などの香辛料や、ねぎなどの香味野菜を使えばしっかりした味に。

規則正しい時間に食べる
食事は朝昼晩、規則正しい時間に3回とります。何時までに食事すると決めておき、朝は必ず食べるようにします。

先輩ママの 失敗談 & 成功談

😊 規則正しく
パパの帰りが不規則なので、帰りを待たずに私だけ規則正しい時間で食事をとりました。毎日3食欠かさず食べました。

😊 最後に油断
予定日が近づいてきたので、あと数日で生まれるのだからと特に気にせず食べていたら、一気に体重が増えました。

😊 揚げ物は避けた
外食が多かったのですが、なるべく揚げ物を避けたり野菜中心のメニューを頼んだりとできる範囲で工夫をしました。

😞 頑張り過ぎた
食事制限に気を配り過ぎて、ストレスがたまりました。ときどき息抜きに甘いものを食べてもよかったと後悔しました。

😞 無理なダイエット
体重の増加が怖かったので、炭水化物を抜くなどダイエットのような食生活を送ってしまい、担当医にしかられました。

😊 ストレスをためない
特に食事制限は設けず、毎日運動することを心がけました。そのため、ストレスをためず、のびのびと過ごすことができました。

😊 おやつは寒天を
もともと血糖値が高かったので、糖分には徹底的に気をつけました。おやつにはカロリーの低い寒天がおすすめ。

迷惑かけずにしっかり準備 ワーキング妊婦の過ごし方

この時期に！ 初期 → 後期

つわりなどで以前と同じように仕事をすることがむずかしくなることがあります。会社に迷惑をかけないためにも、妊娠がわかったら、できるだけ早く上司に報告します。産後も仕事を続けるかどうかを決め、続ける場合は産休や育休、仕事の引き継ぎについてしっかり相談しておきます。

働いていると無理をしがちですが、満員電車を避けるなど、生活の仕方を見直してみましょう。

> **これだけは！**
> 早めに職場へ報告を 無理は禁物

🚩 妊娠が判明したら、まず何をする？

上司へ早めに報告する
仕事を続ける場合も退職する場合も早めに報告することが大切です。妊娠中だということを理解してもらいましょう。

働き方を考え直す
法律で勤務時間の短縮や時差通勤などが認められているので、無理しない働き方を考えます。

仕事を続けるかやめるかを決める
仕事を続けるかどうかは、家族としっかり相談します。続けると決めたら、続けたいという意思をはっきり上司に伝えます。

仕事をやめるか続けるか、考えたいこと
- 産後の女性が働きやすい環境か
- これまでのキャリアがストップしても大丈夫か
- 上司はワーキングママに理解があるか
- やめる場合は、経済的に大丈夫か
- 夫や親など育児のサポートがあるか
- 保育園事情はどうか

> ママの気持ちと体調を第一に家族で相談して決めよう

check point
- ☐ 上司には早めに妊娠を報告し、産休や育休について相談しよう
- ☐ 立ち仕事や負担が多い仕事は、働き方を考え直そう
- ☐ おなかに負担をかけず、かつかっちり見えるファッションを

54

通勤ファッションを見直そう

スカーフなどで視線を上に
どうしてもおなかが目立つので、スカーフやストールを身につけておなかをきれいにカバーしましょう。

ワンピースなどゆったりした格好
おなかへの締めつけがない、Aラインのゆったりしたワンピースや、チュニックなどがおすすめです。

ジャケットで"かっちり"をキープ
妊娠したら、ふんわりとした服を選びがち。ジャケットを羽織ると、職場でも違和感のない印象になります。

バッグは両手があくものがベスト
おなかが大きくなり、バランスをとるのがむずかしくなります。安全のため、両手があくショルダータイプなどを利用しましょう。

ローヒールで疲れないものを
靴はヒールが3cm以下のローヒールを選びます。足がむくむので甲幅が広めなものがベスト。

マタニティマークを！
鉄道会社や自治体で無料でもらえるので、特に外見から妊娠していることがわからない初期は、欠かさずバッグにつけましょう。

働く女性をサポートする法律を知ろう

妊娠や出産を理由に解雇できない、妊婦の負担となるような業務についていたら配置転換を希望できるなど、働くママを守る法律があります。

● 時差通勤、勤務時間短縮、仕事の転換、産休・育休の取得、産休中の産後30日の解雇禁止など

母性健康管理指導事項連絡カード。医師に発行してもらい、職場へ提出すれば時差通勤などが可能に。

職業別 仕事での注意

立ちっぱなしの仕事
足がむくみやすくなるので、帰宅後はむくみをとる靴下をはくなど工夫を。おなかが張ったらすぐ休ませてもらいましょう。

ストレスが多い仕事
妊娠前は気にならなかったストレスなら、あまり心配することはありません。自分に合う発散方法で上手に息抜きを。

パソコン作業の多い仕事
長時間同じ姿勢をとっていると、おなかが張ったり目が疲れたりすることがあります。ときどき姿勢を変えるなど無理をしないで。

時間が不規則な仕事
赤ちゃんへの影響は少ないので、あまり神経質にならなくても大丈夫ですが、つらかったら早めに職場へ相談を。

産休までの上手な働き方

 4・5カ月　　　　 **2・3カ月**

[安定期に入ったら仕事を進めよう！]

つわりの症状が治まるので、つわりの時期に思うように進まなかった仕事をこなしましょう。おなかが大きくなるので、マタニティ用のインナーを身につけるなど衣類にも気を配ります。

- 疲れない程度に軽い運動をする
- 産休までに行う仕事を上司に相談
- マタニティウエアを用意する
- 保育園の下見に行く

安定期でも個人差があるので無理は禁物！

[上司へ報告しつわりの時期をのり切る]

この時期はつわりなど何かとトラブルが多いので、直属の上司には早めに妊娠を報告しておきます。つわりが重いときは無理をせず、通勤ラッシュを避ける、マスクを着用するなど対策を。

❀ 仕事は続ける？ ❀

↓　　　↓　　　↓　　　↓
妊娠を機にやめる／産休と同時にやめる／産休後復帰する／育休後復帰する

教えて！　仕事中のつわり対策テク
- ひどいときには通勤時間をずらしてもらう、または休もう
- バッグにキャンディなど口にしやすいものを入れておくと安心！
- におい防止にマスクを着用しよう
- 外の空気を吸って気分転換をしよう

Q2　デスクワークで体がなまりそうです

A. 足を組み、上にのせた足の足首を動かしたり肩をぐるぐる回したりと、座りながらでもストレッチができます。ひと駅分歩くのもおすすめです。

Q1　責任ある仕事なので休みがとれません

A. 無理を重ねて体にトラブルがあったら元も子もありません。1日休むのがむずかしかったら半日でもよいので、つらいときは休みましょう。

ワーキング妊婦についてのQ&A

56

6・7カ月

引き継ぎの準備開始　赤ちゃんの準備も同時に

もう少しで産休に入るので、そのための引き継ぎの準備を余裕を持って始めます。大切なのは後任者との人間関係をうまくつくることです。引き継ぎのマニュアルなどをつくる場合は、誰が見てもわかりやすいように工夫します。

休んだり早退するときはお礼を

おなかが張ることが多くなり、健診もあるので早退や休みをもらうことが増えることも。同僚には迷惑をかけるので、しっかりお礼を。

8・9カ月

周囲への挨拶をすませ　円満に産休を迎えて

いよいよ産休です。引き継ぎで伝え忘れたことはないか、入念にチェックしましょう。また、取引先などにも必ず産休に入る挨拶をします。ロッカーや机はきれいに片づけ、私物は持ち帰ります。

産休・育休中にしておきたいこと

- ☐ 保育園の申請・準備
- ☐ 給付金などの手続き
- ☐ 復帰後の家事の分担
- ☐ 復帰のため、現在の職場環境の情報収集

Q5 産休に入ったら生活リズムが崩れそう…

A. 今まで張りつめていた気持ちがゆるみ、生活リズムが乱れやすくなることが多いようです。急激に体重が増えないよう、気を引き締めて。

Q4 社外の人へは何か連絡すべき？

A. 取引先には後任者をしっかり紹介し、いつから引き継ぐかなどを説明します。産休に入る前日は挨拶し、復帰する場合はそれも伝えます。

Q3 車通勤ですが気をつけることは？

A. どんなに運転に慣れていても、妊娠中はとっさの判断や反射力が鈍ります。また、おなかが大きくなると目線の位置が変わるので注意します。

この時期に！ 初期 → 臨月

超音波検査でわかる赤ちゃんのようす

これだけは！ 赤ちゃんのようすを自分の目でチェック

妊婦健診では超音波検査を行い、子宮内の赤ちゃんのようすを確認します。超音波検査は、超音波を子宮にあてて反射波を画像処理することで、赤ちゃんのようすを調べられます。**超音波検査によって、正常妊娠であるか、赤ちゃんに異常がないかなどをチェックすることができます。**

毎回超音波写真がもらえるので、きちんと保管して、赤ちゃんの成長を自分の目でしっかり確認しましょう。

🚩 超音波検査では何を調べるの？

赤ちゃんの発育具合はもちろんですが、実はただの成長記録ではなく、さまざまなことがわかるのです。

3 心拍の確認
早ければ妊娠6週ごろから確認できる心拍数。正常な心拍数なら、流産の可能性はぐんと下がります。

2 赤ちゃんに異常がないか
脳ができているか、染色体異常などの可能性がないかなど、赤ちゃんに異常がないか調べます。

1 正常妊娠かどうか
子宮外妊娠ではないか、子宮や卵巣に異常はないか、など正常妊娠であるかどうかを確認します。

6 羊水のようす
羊水の量が正常であるかどうかを調べます。見た目のおなかの大きさと羊水量は関係がないので、あまり心配しないで。

5 週数や予定日
赤ちゃんのいろいろな部位の大きさで発育をチェックするだけでなく、正確な妊娠週数と出産予定日が割り出せます。

4 何人いるか
多胎であるかどうかを調べます。多胎妊娠の場合、膜性診断によってリスクが大きく変わるので、必ず受けましょう。

check point

- ☐ 正常妊娠かどうか、赤ちゃんに異常がないかを調べよう
- ☐ エコー写真の記号の意味を知り、赤ちゃんの成長を楽しもう
- ☐ 12週以降になったら赤ちゃんの性別を判断してもらおう

超音波写真（2Dエコー）の見方

超音波写真を見ても何が映っているのかわからないママが多いようです。
写真の見方をマスターしましょう。

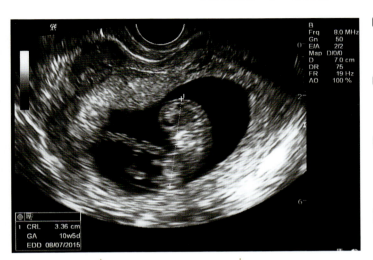

1 GS（胎のう）
赤ちゃんが入っている袋のことです。子宮内に胎のうが見えると妊娠確定のしるしになります。

2 目盛り※
ひと目盛り1cmを示し、赤ちゃんの大きさがわかります。週数が進むと目盛り幅が狭まります。

3 GAE（妊娠週数）
赤ちゃんの大きさから妊娠何週かがわかります。「10w3d」など、wは週、dは日を示します。（左の写真では左下に表示）

4 CRL（頭殿長）
赤ちゃんの頭からお尻までの長さのことです。この数値から出産予定日を割り出します。

8 FL（大腿骨長）
赤ちゃんの太ももの骨の長さです。全身の発育具合を調べるのに使われます。

6 APTD（腹部前後径）
赤ちゃんのおなかの前後の厚みのことです。推定体重の測定、おなかの発育具合に使われます。

5 BPD（児頭大横径）
赤ちゃんの頭の左右幅のこと。12週以降に成長を確認します。

9 AFI（羊水量）※
羊水の量をあらわします。羊水過多や羊水過少でないかがわかります。

7 TTD（腹部横径）
赤ちゃんのおなかの左右幅のことです。推定体重を測定するのに使われます。

※この写真では表示されていません。

2Dエコー 赤ちゃんの体のようす

[頭]

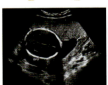

赤ちゃんのBPD（児頭大横径）を測定する、頭の断面が写っています。

[背骨]

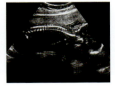

首からお尻にかけて、背中にしっかりとした2本の骨（背骨）がきれいに確認できます。

[心臓]

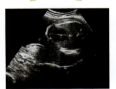

週数が進むと右心室、右心房、左心室、左心房がしっかり見えるように。

[手]

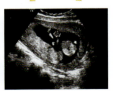

指が写っているのがわかります。週数が進むと1本1本の指がはっきり見えます。

> 赤ちゃんの
> しぐさが
> わかる

3Dエコー写真集

3Dエコー写真だと、2Dよりも赤ちゃんのしぐさや表情まではっきり見ることができます。おなかの中にいるとは思えないほど、個性豊かな赤ちゃんを楽しんで。

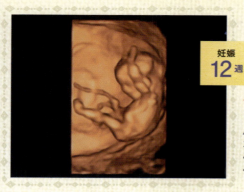

妊娠 **12** 週

ぴょーんと大きくジャンプ！
バンザイしながらジャンプしているみたい。こんなに自由に動けるようになりました。

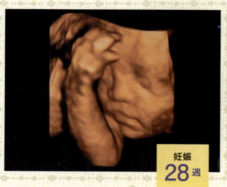

妊娠 **28** 週

何を考えているのかな？
片手をおでこにあてて、渋い表情をする赤ちゃん。考え事でもしているのかな？

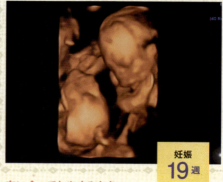

妊娠 **19** 週

向い合っておやすみなさい
すやすやと眠りながら、仲良く向かい合う双子ちゃんの姿がなんともかわいらしく貴重な1枚。

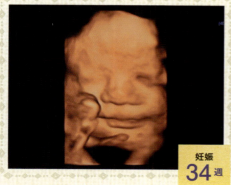

妊娠 **34** 週

にこにこ笑顔
にっこりと微笑む赤ちゃん。早くママに会いたくてワクワクしているのかもしれませんね。

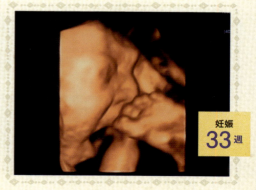

妊娠 **33** 週

ふわぁ〜っ！ 眠そうな表情
口を大きく開けて、豪快にあくび。ママのおなかの中が気持ちよくて眠くなってしまったのかな？ 鼻のところにきているのは実は足です。

消えちゃう前に！超音波写真の保存方法

超音波写真は感熱紙にプリントされているため、時間がたつと薄くなり、消えてしまいますが、常に光があたらないようにアルバムに入れておけば長期間保存できます。

コピーをとる
コピー機でコピーするだけの最も簡単な方法です。きれいにプリントするには写真モードを選び、濃度を薄く設定するとよいでしょう。

スキャンする
スキャナーでスキャンしデータ化して、パソコンに保存します。CD-ROMに書き込んだり、DVDにして保存したりするのがおすすめです。

写真店でアルバムにする
写真屋さんに持っていくと、複写プリントで普通の写真にしてくれます。オリジナルアルバムをつくってくれるお店もあるので、利用してみても。

2Dエコー
性別は16〜20週以降にわかります！

わくわくする赤ちゃんの性別。
超音波検査では16〜20週以降に確認できます。

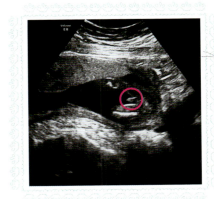

これが **男の子**

おちんちんが見えるかな？
足と足の間におちんちんが見えたら、はっきりとわかります。妊娠週数が進むにつれて、大きく写るようになります。

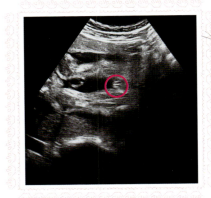

これが **女の子**

突起物が何もなければ女の子
足と足の間に突起物が見えず、木の葉の形をした割れ目が見えたら女の子とわかります。

Key Word
3D・4Dエコー
赤ちゃんの動きがよりリアルにわかる

3Dエコー画像は赤ちゃんの体の表面を立体化して写し出すので、表情を見ることができます。また、最近人気の4Dエコーは立体画像を映像化し、リアルタイムで動きを見ることができます。ほとんどの産院では2Dエコーが主流なので、対応しているかどうかは事前に確認を。

画像提供：丸茂レディースクリニック

赤ちゃんのようすが見えるとワクワクするね！
オー！

中期 → 臨月

赤ちゃんが動き回る胎動を感じよう

胎動は赤ちゃんの動きそのもののことで、おなかの中で赤ちゃんが元気に動き回るとその動きがママに伝わり、胎動を感じるのです。個人差はありますが、だいたいのママは妊娠19週ごろに感じることができます。**たとえ、その時期に胎動を感じなくても健診で赤ちゃんが元気なことは確認できるので、あまり心配する必要はありません。** 胎動を感じたらやさしくこたえてあげましょう。

> これだけは！
> 胎動を感じたらやさしくこたえて

★ 胎動を感じてみよう

いつから感じる？
5カ月ごろから

早い人は妊娠16週ごろから感じますが、だいたい18〜20週くらいに感じることができます。ただ、ママの体形などでも異なるので時期は気にしなくてOK。

どんなときが感じやすい？
ママがリラックスしていると、赤ちゃんもリラックスするので感じやすいようです。また、昼間よりも夜に感じる人のほうが多いようです。

赤ちゃんは何をしてるの？
赤ちゃんは活発にくるくると回転したり、寝返りをうったりしています。妊娠週数が進むと力強い動きもできるようになります。

> おなかをタッチしたりして赤ちゃんとふれあおう

もっと知りたい！胎動についてのQ&A

Q1 仕事中はあまり胎動を感じません
A. ママが忙しく働いていると、意識がおなかからそれるうえ、筋肉が緊張するので、胎動を感じにくくなります。

Q2 赤ちゃんが大きく動いているのですが苦しいからですか？
A. どんなに大きく動いても、決して苦しいのではなく元気いっぱいなだけです。「よく動いてえらいね」とほめてあげましょう。

check point
- [ ] 胎動を感じることができる時期は個人差があることを知ろう
- [ ] 赤ちゃんはさまざまな動きをするので、やさしくこたえてあげよう
- [ ] パパもおなかに手をあてるなど、ママといっしょに胎動を感じよう

赤ちゃんは自由に動き回っているよ！

キッキング
赤ちゃんが腕や足を曲げたりのばしたりする動きのことです。赤ちゃんののばした手足が子宮の内壁にあたると、反射的にキックするようです。末期には減少します。

ローリング
おなかの中で赤ちゃんが回転しています。腸の中の空気が移動するような、グニョッとした動きを感じることができます。

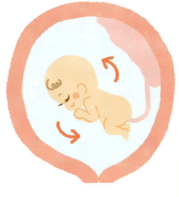

しゃっくり様運動
その名のとおり、しゃっくりのように胸やおなかをヒクッと動かします。20分以上続くこともありますが、苦しんでいるわけではないので心配いりません。

胎動では感じないけれど、こんな動きも
♡あくび ♡目をキョロキョロさせる ♡指しゃぶり ♡羊水を飲む ♡指を動かす など

ママのおなかに触って赤ちゃんとふれあいを

パパもいっしょに！

胎動を感じると、ママのおなかに生命が宿っているのを実感できます。パパもママのおなかに顔や手をあてたり、自分のおなかをくっつけたりして、いっしょに胎動を感じましょう。

初期 → 臨月

胎動を感じたら親子でできる 楽しい胎教のすすめ

胎動を感じるようになったら、始めたいのが胎教です。胎教はおなかの赤ちゃんに音楽を聞かせたり、話しかけたりして赤ちゃんとふれあうことです。英語を教える、クラシック音楽を聞かせるなど早期教育をする人もいるようですが、**胎教の目的はママと赤ちゃんがリラックスすること**です。教えることをメインにするのではなく、おなかの赤ちゃんとのコミュニケーションを楽しんでください。

> これだけは！
> **教えるのではなくコミュニケーションを**

妊娠5カ月からのおすすめ胎教

1 好きな"音楽"を聞かせる

妊娠5〜7カ月の赤ちゃんは外の音が聞こえるようになるので、ママやパパの好きな音楽を聞かせてみましょう。ママが音楽を聞いてリラックスすることが大切です。

2 "絵本"の読み聞かせ

就寝前などリラックスしているときに、絵本を読んであげます。赤ちゃんにはママの声が聞こえているので、やさしく語りかけてあげましょう。ママが好きな絵本ならどんなものでもOKです。

3 "話しかけ"や挨拶をする

「ベビーちゃん」「まる」など、今だけの名前をつけてやさしく呼びかけたり、「おはよう」「おやすみ」とあいさつしたりします。ネガティブな言葉はNGです。

> **point**
> パパの声も聞こえてるよ！
> もちろん、ママだけではなくパパの声も聞こえています。パパも積極的に話しかけ、帰宅したら「ただいま」を忘れずに。

check point

- [ ] 胎教は教育ではなく、赤ちゃんとのコミュニケーションだと知ろう
- [ ] 妊娠初期でもやさしくなれるなど、胎教が行えることを知ろう
- [ ] 胎教にはいろいろな種類があるので、パパと楽しんでやろう

64

初期からでもできる！ 胎教

初期はまだ胎動を感じることもないですが、やさしくなでる、話しかけるなどは積極的に行ってみましょう。

胎教・1 胎児ネームをつけて呼ぶ

名づけはまだ先でも、そのときだけの「胎児ネーム」をつけて呼びかけます。親しみがわいて、話しかけやすくなります。

胎教・2 やさしくなでる

おなかをやさしくなでてあげると、ママのかわいいという気持ちが増し、赤ちゃんも安心します。パパにもなでてもらいましょう。

胎教・3 話しかけながらお散歩する

運動不足になりがちなので、散歩をしながらやさしく話しかけてあげます。ママの気分もスッキリするでしょう。

4 "キックゲーム"をする

赤ちゃんがおなかを蹴る動きを利用した遊びです。反応がなかったりタイミングが合わなかったりと、難易度は少し高いですが、気軽に遊んでみましょう。

遊び方

1. 赤ちゃんにポンと蹴られたら、すぐにその場所を「キック」と言って軽くたたきます。
2. 赤ちゃんが再度蹴ってきたら、ほめてあげましょう。
3. 1・2をくり返し、できるようになったら、違う部分をたたいて反応を待ちましょう。
4. うまくできるようになったら、たたくのを2回、3回と増やしてみましょう。

反応がなくても続けてみてね！赤ちゃんには伝わっているよ

5 "胎動"カウント

妊娠34週を過ぎたら、赤ちゃんが10回動くのにどれくらい時間がかかるかはかり、赤ちゃんの元気度を調べます。10回動くのに10〜30分ほどかかるのが目安です。

ママがリラックスできる セックス＆コミュニケーション

この時期に！ 初期 → 臨月

これだけは！ ママの体調を第一に優先して

妊娠中でもセックスは可能ですが、ママの体とおなかの赤ちゃんに負担をかけないことが何より大切です。

妊娠中のセックスは赤ちゃんの経過に問題がなく、ママの体調がよいことが絶対条件です。コンドームを必ず使用し、激し過ぎないソフトなセックスを心がけます。最中におなかが張ったり出血があったりしたら、すぐに中止し、安静にしましょう。パパもママを気遣うことを第一に考えて。

セックスでの6つのポイント

妊娠中のセックスは絶対にダメというわけではありません。
ママとおなかの赤ちゃんを気遣い、安全に行いましょう。

1 コンドームを使用する
妊娠中は免疫力が低下します。精液にはいろいろな細菌が含まれているので、細菌感染を防ぐためにも必ずつけましょう。

2 経過が順調ならOK
胎盤が未完成で安定していない初期は、控えるべきです。安定期に入って、経過が順調なら無理のない範囲で行えます。

3 乳首への愛撫はやさしく
乳首への刺激は、子宮を収縮させてしまいます。特に妊娠後期は早産を招く恐れがあるので、控えましょう。

4 おなかが張ったら中断
セックスをしている最中におなかの張りを感じたら、すぐに中断します。しばらく安静にして張りが治まったら、再開してもかまいません。

5 無理な体位はしない
おなかを圧迫する体位や深い挿入はママの負担になります。前側位や後側位、対面座位などの負担の少ない体位がおすすめです。

6 赤ちゃんを気遣う
ママのおなかには赤ちゃんがいるということを忘れてはいけません。ママと赤ちゃんにとってやさしいセックスを意識しましょう。

パパへ 妊娠中は違う体だということを理解して！

妊娠中のママの体はママのものだけではありません。おなかにはふたりの大切な赤ちゃんがいて、体調や気分がすぐれないこともあります。パパが正しく理解することが大切です。

ママの体調を気遣ってね！

check point

- [ ] ママの体調を第一に考え、無理をしない程度に
- [ ] おなかへの負担が少なく、深い挿入にならない体位を選ぼう
- [ ] パパはおなかに赤ちゃんがいることをしっかり理解しよう

妊娠中の**セックス**についての Q&A

Q1 激しいセックスは流産になる？
A. 切迫流産などの兆候があるときには原因になり得ますが、基本的にセックスが原因で流産や早産になることはありません。不安なら医師へ相談を。

Q2 あまり頻度は多くないほうがいい？
A. ママの体調によります。ただ、妊娠初期は胎盤が不安定なので控えたほうがよく、また後期も頻度が多過ぎると早産を招く恐れがあるので回数を減らしましょう。

Q3 赤ちゃんには影響がある？
A. 深い挿入をしても、ペニスが赤ちゃんにあたる可能性はありません。ただ、深い挿入は子宮を刺激するので、控えるべきです。浅い挿入でやさしく行って。

🚩 妊娠中のセックスのおすすめの体位

おなかを圧迫するような体位や子宮口を直接刺激するような激しい動きはNG。時間も短めにするのがいいでしょう。

対面座位

挿入が浅いのでおすすめです。密着度も高いので、コミュニケーションとしても満足度を得られるでしょう。

側位

向き合ってパパがママの体を支える前側位や、横向きのママの後ろにパパが寄り添う後側位がラクです。

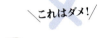

これはダメ！

屈曲位

正常位の姿勢でママが体を曲げる体位。おなかに負担がかかるので、避けましょう。後背位も挿入が深いのでNG。

こんなときはセックスをやめて

胎盤が未完成で流産の危険がある初期や、子宮頸管が短い場合などは避けて。ハグなどセックス以外でコミュニケーションを。

NG
- 妊娠初期
- 子宮頸管（けいかん）が短い
- 早産の可能性がある
- 性感染症がある
- 前置胎盤（ぜんち）である

1章 ● 妊娠中の過ごし方

この時期に！
初期 → 臨月

妊娠中はどこまで大丈夫？
お出かけと旅行

これだけは！必ず旅行前に主治医へ相談を

妊娠中の旅行は、安定期に入って、おなかが大きくなる手前の5〜7カ月くらいに行くのが望ましいでしょう。旅行前には、必ず主治医に相談し、OKをもらってから出かけるようにしましょう。

スケジュールは無理のないように組み、ママの体調を最優先します。こまめに休憩をとることも忘れずに。母子健康手帳、健康保険証、診察券などは必ず持っていき、旅行先の産院も調べておくと安心です。

お出かけ・旅行に持っていくもの

- 母子健康手帳　病院の診察券
- 健康保険証　あめなど口に入れられるもの
- 生理用ナプキン　など

「万が一のことを考えておいてね！」

お出かけ・旅行についてのQ&A

Q1 飛行機は乗っても大丈夫？
A. 航空会社によりますが妊娠36週以降は国内でも国外でも、医師の診断書が必要です。座席はトイレに立ちやすい通路側を選ぶのがおすすめ。

Q2 旅先で体調が悪くなったら？
A. 旅行先の産院を受診しましょう。そのために、旅行前にあらかじめ宿泊先の近くにある産院を調べるなど下調べをしておく必要があります。

Q3 いつまで旅行に行ってもいい？
A. いつお産が始まるかわからない、妊娠36週以降は控えます。安定期に入り、体調が安定していれば安心して楽しむことができるでしょう。

Q4 海外出張には行ってもいい？
A. 海外出張は仕事です。自分の体を気遣うだけではなく、万が一のときの会社への影響も考えて。他の人に代わってもらいましょう。

check point

- ☐ 必ず旅行前に主治医に相談し、確認をとってから行こう
- ☐ 旅行には母子健康手帳、診察券などを必ず持参しよう
- ☐ スケジュールに余裕を持って、ママの体調を最優先しよう

お出かけ・旅行前にチェック！

1 妊娠中の旅行は医師に相談する
安定期に入っていても、旅行前には必ず主治医に相談し、確認をとりましょう。OK が出ても万が一のために、母子健康手帳などは必ず持っていきます。

2 準備や下調べをしっかりしていく
旅行先で何かトラブルが生じた場合に備えて、母子健康手帳や生理用ナプキンは必ず持参します。また、宿泊先の近くに産院があるかどうかもあらかじめ調べます。

3 スケジュールに余裕を持つ
スケジュールは体調を優先して、無理のないように組みます。少しでも体調が悪くなったら、無理をせずに休憩をとり、パパもママの体調を気遣いましょう。

実家に帰省する
体に負担がかからない移動方法をとりましょう。新幹線なら座席を予約し、車ならこまめに休憩をとります。年末年始など、何かと忙しい時期でも安静に過ごして。

海外旅行に行く

妊娠中の海外旅行は基本的に控えます。特に妊娠 16 週未満と 28 週以降は何が起こるかわからないのでおすすめできません。赤ちゃんのためにもできるだけ産後にしましょう。

国内（温泉）へ行く
長時間入らない、高温の温泉は避けるなど、体に負担をかけないように気をつければ大丈夫です。ただし温泉は滑りやすいことが多いので、誰かに付き添ってもらうと安心です。

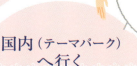

国内（テーマパーク）へ行く
あまりおすすめできません。たとえ乗り物に乗らなくても、敷地が大変広く、歩き回ることが多いので体力を使います。産後に落ち着いてから行くほうがよいでしょう。

ちょっとしたお出かけ
ショッピングなどちょっとした外出なら何も問題ありませんが、万が一のために母子健康手帳はいつも携帯します。近所のスーパーでも重いものはパパに持ってもらいます。

初期 → 臨月
妊娠中もきれいでいたい！スキンケアとヘアケア

これだけは！ トラブル前にこまめなケアを

妊娠すると女性ホルモンだけでなく、さまざまなホルモンバランスの変化が起こるため、肌や髪などにトラブルが生じます。髪質が変わったり肌が敏感になったりと、症状には個人差がありますが、何にせよこまめなケアをするようにしましょう。

妊娠前に使っていた化粧品などが肌に合わなくなることもあるので、肌や髪の状態を注意深く観察し、場合によっては低刺激のものに替えるなど対策をしましょう。

🚩 妊娠中に起こる美容トラブル

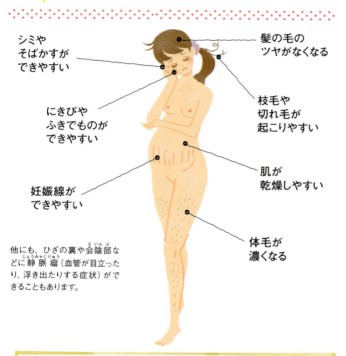

- シミやそばかすができやすい
- 髪の毛のツヤがなくなる
- にきびやふきでものができやすい
- 枝毛や切れ毛が起こりやすい
- 肌が乾燥しやすい
- 妊娠線ができやすい
- 体毛が濃くなる

他にも、ひざの裏や会陰部などに静脈瘤（血管が目立ったり、浮き出たりする症状）ができることもあります。

教えて！ 美容室にはいつまで行っていいの？

カットに関しては問題ありませんが、長時間同じ姿勢で座らなければいけないカラーリングやパーマは、妊娠30週以降は控えるようにしましょう。

check point

- ☐ 妊娠中は肌質や髪質が変わることもあるので、こまめにケアしよう
- ☐ 睡眠を十分とり、肌には保湿をたっぷりしてケアしよう
- ☐ 妊娠中の美容ケアは心配なことがあれば、医師に相談しよう

妊娠中のこんな美容は大丈夫?

レーザー脱毛 ✗
肌が敏感になっているので、肌荒れを起こす心配があります。脱毛サロンによっては断っているところもあります。

ヘアカラー・パーマ △
基本的に問題ありませんが、頭皮が敏感なので肌トラブルを起こす可能性も。長時間同じ姿勢でいるのも疲れてしまいます。

ジェルネイル ✗
万が一緊急事態が起こった場合、体内の酸素濃度を調べるために指にモニターを装着する必要があります。しないほうが安心です。

まつ毛エクステ △
肌が敏感になっているため、思いがけないトラブルが起こる可能性があります。心配なら医師に相談を。

エステ・マッサージ ○
妊婦用のマッサージを施術しているところもあるので、問題ありません。パパにも足など簡単なマッサージをしてもらうと◎。

施術を受けるときは妊娠していることを告げてね

妊娠中のケア 4つのポイント

妊娠中はこれまで使っていた化粧品が合わなくなることも。刺激を与えないよう注意して。

1 睡眠をしっかりとる
妊娠中はホルモンの影響や膀胱（ぼうこう）が圧迫されることで、睡眠不足になりがちです。寝る直前にテレビやパソコンを見ると、寝つきが悪くなるので避けましょう。ぬるめのお風呂に入ってリラックスするとよく眠れます。

2 紫外線を防ぐ
妊娠中はメラニン色素の量が増えるため、シミやそばかすができやすくなります。出かけるときは必ずつばの広い帽子や日傘などを使って、紫外線対策をしましょう。

3 保湿はたっぷりする

入浴後はすぐに化粧水や保湿クリームを、顔はもちろん、全身にたっぷりぬります。冬は特にエアコンによる乾燥に注意し、加湿器などで対策を。

4 頭皮はやさしくマッサージ

頭皮が敏感になっているので、洗うときやタオルで拭くときに、爪をたてないように気をつけます。指の腹（はら）を使って、やさしくマッサージします。

中期 → 臨月
美ボディをキープ 妊娠線のケア

> **これだけは！**
> おなかが大きくなる前にケアを始めて

妊娠するとおなかが大きくなり、皮膚が急激にのびます。そのうち、弾力性のない真皮や皮下組織の一部はのびることのできる限界を超えて引っ張られ、亀裂が生じ、赤紫色の線状斑としてあらわれますこの線状斑を妊娠線（ストレッチマーク）と呼ぶのです。放っておくと産後も消えずに残るので、丁寧なケアが必要です。妊娠線を防ぐには、早めに保湿クリームなどをぬってケアをすることです。

🚩 妊娠線はどこにできるの？

バスト・デコルテ
バストは下から上へ引き上げるようにクリームをぬり、デコルテは首から下へリンパを流すようにぬります。

二の腕
妊娠前より太くなったと感じたらぬりましょう。肘から肩に向かってマッサージしながらクリームをぬります。後ろ側も忘れずに。

お尻
太ももからお尻にかけても妊娠線ができやすい部分です。自分では見えにくい部分なので、鏡で見てケアしましょう。

おなか・下腹
妊娠線のほとんどがおなかにできます。へそまわりなどの下腹から足のつけ根、側面も忘れずにしっかりクリームをぬります。

太もも
脂肪がつきやすいのに自分では気づきにくい部分です。下から上へ引き上げるようにマッサージをしながらクリームをぬります。

一度できるとなかなか消えないよ！

check point
- ☐ おなかが大きくなって見えづらい部分などもしっかりケアしよう
- ☐ 妊娠線はおなかが大きくなる前から、こまめな保湿で防ごう
- ☐ 一度できると産後もなかなか消えずに残るので注意しよう

時期別 妊娠線のケア

先輩ママの 失敗談 & 成功談
妊娠線編

😊 保湿をしっかり
まず化粧水をつけてからクリームをぬりました。保湿力バツグンで、ずっとしっとりした肌をキープ♪

😟 見える部分しかしてなかった！
ちゃんと保湿していたはずなのに、二の腕の後ろ側にできてしまいショックでした。

😟 少量しか使わなかった
妊娠線予防クリームを買ったのに、もったいないと少量しかぬらなかったらできてしまいました……。

😟 とにかくこまめに
トイレに行くときなど少しでもおなかを出したらすぐぬり、保湿を心がけたらできませんでした。

😊 自分に合ったものを！
妊娠前から使っていた、香りがよいお気に入りのクリームを使ったので、楽しくケアをできました。

妊娠

〜4ヵ月

早めに ケアをスタート
ようやくおなかのふくらみが目立ち始めてくる、この時期から行うと安心です。早めに保湿して肌をやわらかくしておくことが大切です。

〜6ヵ月

おなかが大きくなり始める時期
まだ妊娠線ができる時期ではありません。ただ、おなかが急激に大きくなる直前の時期なので、保湿をおこたらないことです。

〜8ヵ月

妊娠線ができ始める時期
急激におなかが大きくなるので、この時期にでき始めるママが多いようです。おなかはもちろん、バストや二の腕など本腰を入れてケアしましょう。

〜10ヵ月

出産直前にできちゃう人も！
赤ちゃんの位置がさらに下がるので、特に下腹にできやすい時期です。出産直前だからと油断しないで、最後までしっかり保湿をしましょう。

妊娠線ケアクリームで美ボディキープ

妊娠線をしっかり予防してくれるクリームやオイルはオーガニックが人気。

カカオバターとヒマワリ、ホホバのエッセンシャルオイルのブレンドは保湿力バツグン。STMクリーム／エルバビーバ

助産師の共同開発。アーモンドオイルやコムギオイルが乾燥肌に栄養を与え、しっかり保護します。マザーズ ボディオイル／ヴェレダ

中期 → 臨月

快適でおしゃれもキープ マタニティウエア選び

妊娠4カ月くらいになるとおなかがふくらみ始めるので、普段着や下着が少しきついと感じ始めます。**下着はできるだけ早くマタニティ用に替え、体を締めつけないようにしましょう。** ブラジャーは通常のものだと乳腺の発達を妨げる可能性があります。

マタニティウエアは前開きのワンピースなど、専門のものでなくても使えるものもあります。妊娠中ならではのおしゃれを楽しんで。

> これだけは！
> 普通のものでも使える場合もある

🚩 妊娠4カ月以降は
マタニティ用のインナーに
チェンジしましょう！

体の変化に合わせて、普段用からマタニティ用に替えましょう。
ゆったりサイズで快適に。

ブラジャーは
胸が大きくなるので締めつけないものを

バストは妊娠前と比べて2サイズアップするといわれています。通常のブラジャーだとバストのふくらみを無理に押さえつけてしまう可能性があるので、早めに替えましょう。

授乳用ブラジャー

カップがずらしやすいもの、前ボタンで左右に開閉できるものなど授乳しやすいつくりになっています。

カップつきキャミソール

ブラジャーをする必要がなく、これ1枚だけで大丈夫。締めつけもないのでラク。
／エンジェリーベ

ショーツは
大きなおなかをすっぽり包むものを

大きくなるおなかに合わせて、おなかまわりをカバーできる股上の深いものが適しています。妊娠中はおなかを冷やすのもよくないので、おへその上まですっぽり守ってくれるものを。

マタニティショーツ

股上が深く、伸縮性のある素材でできているので、おなかをしっかりカバーできます。

> インナーは最初に替えようね！

check point

- ☐ おなかを締めつけないものを選び、快適に過ごそう
- ☐ インナーは、服よりも早めにマタニティ用に替えよう
- ☐ 普段着を賢く利用して、経済的にすませよう

妊婦帯は
戌の日を迎えたら妊婦帯をつけよう

日本では妊娠5カ月の戌の日に、おなかにさらしを巻いて安産祈願する習わしがあります。縁起物だけでなく、大きくなったおなかを下から支えて冷えから守る効果があります。

妊婦帯

腹巻き型の筒タイプとテープでとめるだけのベルトタイプがあります。自分が使いやすいものを選びましょう。

ガードルタイプも！
脱ぎ着しやすいのが特徴です。背骨の反りや腰痛予防にもなります。

マタニティウエアは
ムダ買いせずに早めに賢く選んで！

デザインが豊富でおしゃれなものもたくさんあります。後期になると必ず必要になるので、早めに購入して長く使うのが、マタニティウエアの賢い買い方です。

パンツ
おなかのふくらみは中期と後期で大きく異なるので、マタニティ用を1点もっておくと安心。／エンジェリーベ

トップス
おなかを目立たせないデザインになっているほか、産後も使えるよう授乳口つきのものが◎。／エンジェリーベ

先輩ママが教える
普通の服でのり切るマタニティ期のコツ！

1 ゆったりとしたワンピースを選ぶ
おなかを締めつけない、ふんわりしたAラインのものがおすすめです。前開きタイプだと授乳にも便利ですよ。

2 ゴムウエストでのり切る
ウエストがゴムになっていると、おなかの大きさに合わせてゴムを入れ替えて調整することができてラクでした。

3 価格の安い服で着回しする
最近はファストファッションブランドが多いので経済的にすませることができます。少ない数で着回しました。

妊娠中のトラブル解消に アロマセラピー

この時期に！ 初期 → 臨月

アロマセラピーの効果とは？

これだけは！ アロマセラピーで心身の悩みを改善

妊娠すると、心身ともにいろいろな変化があるので、精神的にリラックスする必要があります。そのために効果的なのがアロマセラピーです。アロマセラピーは、植物から抽出される精油（エッセンシャルオイル）を心身の健康に役立てる自然療法のことです。イライラや不安などのメンタル面から、つわりや便秘などのさまざまな症状改善に効果が期待できます。

1 嗅覚を通して脳に働きかける
香りの分子が鼻の奥に達し、信号として嗅神経から脳へと伝わります。そのため、精神的、生理的な効果があるのです。

2 皮膚を通して各器官に働く
皮膚の表面（表皮）から真皮へと吸収されます。真皮にある毛細血管まで達するので、そこから全身を巡ります。

妊娠中におすすめの使い方

- **芳香浴** アロマポットやアロマディフューザーなどを使って楽しむ、ポピュラーな方法です。
- **ハンカチに染み込ませる** ハンカチやコットン、ティッシュペーパーなどに1〜2滴染み込ませて、枕元などに置きます。
- **お風呂に入れる** 浴槽に湯を張り、5滴以下の精油を落としてよくかき混ぜ、楽しみます。

マッサージに使用する場合は注意！
精油を混ぜたオイルなどでマッサージすると、血流やリンパの流れがよくなる効果があります。中には妊娠中は使用できないものもあるので、妊婦ということを必ず伝えます。

check point
- □ アロマセラピーで妊娠中の心と体をリラックスさせよう
- □ アロマにはさまざまな効果があるので、症状別に使いこなそう
- □ 妊娠中は使用できないアロマがあるので、注意しよう

症状別 効果のあるアロマ

冷え
血流を促し、体を温める効果があります。中期以降なら、造血作用を促すレモン、体のバランスを整えるゼラニウムなどをアロマバスにすると◎。

おすすめ！
- レモン
- ゼラニウム（6カ月以降）
- マジョラム（7カ月以降）

眠れない
神経を静めて、体をリラックスさせ、安眠に導く効果があります。ハンカチなどに垂らしたものを枕元に置いておくとよいでしょう。

おすすめ！
- ラベンダー（4カ月以降）
- マンダリン
- プチグレン

イライラする
神経の緊張をほぐして、イライラを解消します。ラベンダーなどのフローラル系が◎。ローズは女性ホルモンに影響するので、7カ月以降に。

おすすめ！
- カモミール（4カ月以降）
- ラベンダー（4カ月以降）
- ローズ（7カ月以降）

出産促進
リラックス効果のあるアロマにはお産を促進させる効果も。出産準備の際にハンカチなどに染み込ませて病院に持参すると役立ちます。

おすすめ！
- クラリセージ
- ジャスミン
- ゼラニウム

つわり
吐き気や胃もたれなどの消化器系の不調に効きます。柑橘系のさわやかな香りのものが多いので、気持ちよくリフレッシュできます。

おすすめ！
- レモン
- ライム
- グレープフルーツ

便秘
胃腸の働きを活性化してくれるオイルを使います。風呂で体を温めた後にアロマオイルでマッサージすると効果的が高まります。

おすすめ！
- マンダリン
- グレープフルーツ
- レモン

NG 妊娠中は使用できません
刺激が強めのハーブは使用できません。
- セージ
- フェンネル
- ヒソップ
- バジル
- アニシード
- レモングラスなど

専門店で選んでもらうのがおすすめ

妊娠中に使える精油
時期や体調に応じて使いましょう。

初期からOK
ラベンダー・スイートオレンジ・ネロリ・パルマローザ・ビターオレンジ・ベルガモット・マンダリン・レモンローズウッド

中期以降OK
クラリセージ・サンダルウッド・ジャーマンカモミール・ジュニパー・ゼラニウム・ニアウリ・マジョラム・ローズ・ローズマリー・ローマンカモミール

※専門店によっては、上記の精油でも妊娠中はおすすめしていない場合もあります。

中期 → 臨月

最初のプレゼント 赤ちゃんの名前のつけ方

これだけは！ ルールを守って愛情満点の名前を

赤ちゃんが生まれたら、14日以内に出生届を出さなければいけないため、名前もそれまでに決める必要があります。名前を考えるのは楽しい息抜きになるので、妊娠中に始めるとよいでしょう。

パパとママのつけたい名前が一番ですが、使えない漢字があるなどルールがあります。**ルールを守ること**が、子どもが社会生活で不便を感じない名前をつけるのが大切。すてきな名前を考えて。

名づけのスケジュール

妊娠 3〜5カ月
ママはまだつわりがつらい時期なので無理をせず、ぼんやりと「こんな名前がいい」というイメージをふくらませておく程度に。

↓

妊娠 6〜7カ月
イメージを具体的にしていきます。パパとママの希望をまとめて、響きだけでなく漢字もあてはめてみましょう。

↓

妊娠 8〜10カ月
名前の候補をリストアップし、絞り込んでいきます。候補から決めるのは実際に顔を見てからでもかまいません。

↓

誕生
いよいよ赤ちゃんと対面です。今まで出していた候補から命名する名前をひとつ決めます。愛情たっぷりの名前を。

↓

14日以内
出生届を住んでいる市区町村の役所に提出します。書類に不備がないかどうかを最終確認して、余裕を持って出します。

check point

- [ ] 妊娠中から赤ちゃんの名前を考え始めよう
- [ ] 名づけにはルールがあるので、しっかり守って名前をつけよう
- [ ] 漢字には意味があるので、調べてから考えよう

覚えておきたい！名づけの基本

字数制限はない

漢字の読み方や名前の長さに決まりはありません。つまり、「寿限無」のような長い名前も法律的には問題ありません。

届け出後は簡単には変えられない

一度役所に提出すると、なかなか改名はできません。提出する前に本当にその名前でよいか、じっくり考えましょう。

候補が決まったら改めてチェックしよう！

NG 名づけにふさわしくない字はつけないようにしましょう

苦・悪・殺 霊・陰・仏 など

たとえ常用漢字であっても、「殺」などよい意味を持っていない漢字は名前に適していません。辞書で漢字の意味をしっかり調べましょう。

名前に使える字

常用漢字

安・衣・太 など

文部科学省によって定められている、社会生活でよく利用する漢字です。候補が出たら常用漢字表のチェックを。

人名用漢字

之・或・洸 など

戸籍に子どもの名前として記載できる漢字のうち、常用漢字に含まれていない漢字を指します。

長音、くり返し、記号

ー・々

記号ですが、くり返し記号や長音は使用が認められています。特にくり返し記号は「美々」など使い勝手がよいでしょう。

漢数字

算用数字やローマ数字は認められていませんが、「一、二、三…」などの漢数字は使用できます。

ひらがな・カタカナ

使用が認められています。特に女の子にはひらがなのみの名前が多く、やさしいイメージになります。

名前に使えない字

常用・人名用漢字以外

現在、常用漢字は2000字以上、人名用漢字は800字以上が指定されており、これに含まれない漢字はNGです。

アルファベット

「A、B、C…」の大文字も「a、b、c…」の小文字もともに使用できないと決められています。

算用数字・ローマ数字

「1、2、3…」などの算用数字や「Ⅰ、Ⅱ、Ⅲ…」などのローマ数字は使用することはできません。

記号

「○」や「△」、「☆」や「！」などの記号は使用できません。

人気の名前ランキング

男の子
1 ハルト　2 ユウト　3 ソウタ

女の子
1 ユイ　2 メイ　3 アオイ

※「安田生命 2014年名前ランキング」より

何から考える？どうやって決める？
名づけの アイデアヒント集

使用できる漢字は約3000字もあり、その組み合わせは無限大です。どうやってつければよいか迷ったら、呼び名から考えたり漢字から考えたりして、切り口を見つけましょう。

アイデア1

［ 響きから考える ］

響きとは呼び名のことです。先に「りな」など呼び名を考えてから漢字や画数を決めます。名前は呼ばれることのほうが多いので、印象を大きく左右します。何回も声に出して呼んでみて、候補を出しましょう。

かっこいい響き 〈男の子〉
「れおん」「はると」など名前の最後を「おん」や「と」にすると効果的です。

さわやかな響き
「海」や「清」などのさわやかなイメージのある漢字を使います。

力強い響き
「たいが」など濁音を使うほか、「虎」や「龍」など力強いイメージのあるものを。

かわいい響き 〈女の子〉
「ゆうか」「みゆ」など名前の最後を「か」や「ゆ」で終わらせるとかわいくなります。

やさしい響き
「優」や「穏」などのやさしいイメージのある漢字を使います。

華やかな響き
「麗」や「姫」などの華やかなイメージの漢字を使うと効果的。

アイデア3

［ 漢字のイメージから名前を考える ］

好きな漢字や使いたい漢字をピックアップし、辞書でどんな読み方があり、どんな意味が込められているのか確認します。次に一字名や二字名などのどれにするか決め、それによって組み合わせる漢字を決めます。

漢字での注意点

○「へん」「つくり」が重なる
花野 菜々花

○「縦割れ」になる
福沢 理依

○切れ目がわかりにくい
東野 梨子
東野 梨子

アイデア2

［ パパやママ、兄弟で関連のある名前 ］

パパやママの名前に使われている漢字と同じ漢字を使ったり、兄弟や姉妹で関連性を持たせた名前をつけたりします。兄弟や姉妹は「空」などのイメージをそろえる、漢字をそろえるなどのつながりを持たせられます。

（例）
- 父　晶仁（あきひと）→ 龍仁（りゅうじん）
- 母　友子（ともこ）→ 友紀（ゆき）
- 長女　奈津（なつ）→ 春（はる）

80

アイデア 4
イメージから考える

「明るい子に育ってほしい」「海がイメージできる名前にしたい」など自由にどんな名前にしたいかをイメージします。連想をふくらませながらイメージを具体化して、そのイメージに合う漢字を探していきます。

♪ 健康的なイメージ	→ 育・健・萌
♪ 向上心のあるイメージ	→ 志・昇・磨
♪ 愛されるイメージ	→ 好・幸・聖
♪ 夢があるイメージ	→ 輝・望・夢
♪ 思いやりのあるイメージ	→ 心・厚・温
♪ 美しいイメージ	→ 英・綺・雅

など

アイデア 5
愛称から考える

「彩香」だったら「あーちゃん」、「晴人」だったら「はる」など、呼びたい愛称から考える方法です。特に男の子の名前はかたい印象になりがちなので、愛称から考える方法もよいでしょう。

（例）あーちゃん
→ 彰也（あきや）
→ 蒼仁（あきひと）
→ 明（あきら）

NG

姓とつなげると変な名前になることも！

さとう　としお	→	砂糖と塩
おおば　かなこ	→	大バカな子
あんどう　なつ	→	あんドーナツ
ばば　あおい	→	「ばばあ、おい」
はら　まき	→	腹巻き
みずた　まり	→	水たまり

名前の響きが決まったら、名字とつなげて呼んでみて、変な名前にならないかどうかチェックします。

アイデア 6
歴史上の人物にちなんでつける

歴史に名を残す子どもになってほしい、インパクトのある名前がつけたい……そんなときは歴史上の偉人から名前をもらいます。ただ、そのまま漢字を使うと古風過ぎるので、読みはそのままで漢字をかえるなどの工夫を。

（例）坂本龍馬 → 亮馬（りょうま）
　　　与謝野晶子 → 暁子（あきこ）

81　1章 ● 妊娠中の過ごし方

中期 → 後期
赤ちゃんを迎える準備
両親（母親）学級の参加

積極的に参加して知識を深めよう

両親学級、または母親学級は、自治体や産院などで開かれている講座のことです。妊娠中の過ごし方から栄養について、出産の仕方、産後の過ごし方や赤ちゃんのケアなどを学ぶことができます。安定期ごろに開催されるので、積極的に参加しましょう。
両親学級はパパといっしょに参加します。**夫婦で妊娠、出産、育児について知識を深めることができます。**

両親（母親）学級で行うこと

助産師さんが、出産の流れや赤ちゃんのお世話について丁寧に教えてくれます。夫婦で参加し、産後の生活に役立てましょう。

おむつ交換・沐浴の体験
沐浴やおむつ交換のやり方を学びます。人形を使って実践的に行うことで、赤ちゃんをイメージしながら体験できます。

出産の流れとイメージについて
呼吸法や出産時の検査や処置などのメカニズムを学びます。出産本番を具体的にイメージすることができます。

妊娠中の過ごし方の説明
日常生活で気をつけること、快適に過ごす方法などが聞けます。妊娠中のストレスや悩みを参加者で分かち合いましょう。

妊婦同士の交流
参加者は同じようにマタニティライフを送っています。悩みや不安を話して解消するなど、コミュニケーションをとりましょう。

赤ちゃんを迎える心構え
退院後はすぐ赤ちゃんとの暮らしが始まります。用意しておく育児グッズや健康診断についてなどを聞き、出産後の生活を考えて。

分娩室などの見学
病院で受ける両親（母親）学級では、見学できるところもあります。分娩室だけでなく、入院する部屋なども見学できます。

赤ちゃんについてゆっくり考えられるね

check point
- 両親学級で教えてもらえる内容を確認しよう
- 両親学級は知識を深めるチャンスなので、パパも参加しよう
- 妊婦の大変さをパパにも身をもって理解してもらおう

両親学級ではパパが主役になる場面も！

ママを見守るしかできないパパも両親学級に参加すれば、
ママの気持ちに寄り添うことができます。

パパの沐浴体験

人形を赤ちゃんに見立てて、沐浴の仕方を学びます。パパがチャレンジすることで、産後一緒に赤ちゃんを育てるイメージができます。

パパの妊婦体験

体が重くなるママのつらさを体験するため、8kgほどの重しをつけたジャケットを着ます。ママがどれほど大変かを理解することができます。

気になることはこの機会に質問しよう！

マタニティライフを送っていれば、不安や疑問はつきものです。両親（母親）学級では、定期健診よりも気軽に質問することができるので積極的に。

先輩ママの 失敗談 & 成功談 両親（母親）学級編

やっててよかった！
病院が主催する両親学級で実際の陣痛室や分娩室を見学できたのがとてもよかったです。

パパが拒否
パパが「恥ずかしいから」と参加してくれませんでした。協力的でない態度にショックを受けました。

ママ友ができた
ドキドキしながら参加しましたが、同じ妊婦同士。すぐに悩みを分かち合って仲良くなれました。

本番をイメージ
沐浴指導では、私もパパも人形の顔を水面につけてしまうなど悪戦苦闘！楽しかったです。

意味ない？
妊婦体験をしてもらいましたが、普段から体を鍛えているパパには全然重くなかったようです（笑）。

安心できた
出産をすごく不安に思っていたのですが、イメージトレーニングができ、安心しました。

出産方法の種類を知って分娩予約をしよう

初期 → 後期 この時期に!

自分に合う出産方法を考える

これだけは！

近年、出産方法が多様化しており、ママの希望に沿ったスタイルを選べる産院も多くあります。**出産方法は、分娩時の呼吸法や姿勢、場所などでさまざまな種類があります**。それによって選ぶ産院も違うので、自分のしたい出産方法がどれなのか、よく考える必要があります。

出産方法によっては陣痛が軽減するものもあります。自分に合う出産方法を選びましょう。

分娩予約をする前に

出産方法を決めたら、産院に連絡して分娩予約を。予約は余裕をもって早めにしておきます。

自分のしたい出産方法ができるのかを確認する

産院によっては自分の希望する出産方法ができないところもあります。HPなどで事前に調べましょう。

人気のある病院なら早めに予約をする

人気の高い病院の場合、妊娠2カ月くらいから予約がいっぱいなところも。早めに予約をとるようにします。

里帰り出産なら情報収集をしっかりと

里帰り出産をする場合は、妊娠5カ月くらいには自分が望む出産方法ができる産院があるかどうかを調べ、転院先を決めます。

Key Word
分娩予約
出産する産院を決める

希望する出産方法ができるところを選ぶのはもちろん、まわりの評判やスタッフの対応などもチェック。妊娠5カ月までには予約を。

分娩方法

通常は経腟分娩（けいちつ）で行われますが、場合によっては帝王切開になることもあります。

経腟分娩

腟（ちつ）から産む一般的な方法

産道を通って腟から赤ちゃんが出てくる、一般的な分娩方法です。85ページの出産法は、経腟分娩の痛みを和らげるための方法です。

帝王切開

おなかを切開して赤ちゃんを取り出す

予定帝王切開は健診であらかじめ経腟分娩がむずかしいと判断された場合に、緊急帝王切開は出産中に何らかのトラブルが起こったときに行われます。

→ くわしくは168ページへ

赤ちゃんのようすによって選ぶこともあるよ

check point

- [ ] さまざまな出産方法があるので、自分に合う方法を選ぼう
- [ ] 自分のしたい出産方法ができる産院を早めに選び、予約しよう
- [ ] 状況によっては、帝王切開になるということを理解しておこう

自分らしい出産法を見つけよう

経腟分娩の痛みを和らげ、
お産を助けるためにさまざまな方法があります。

リーブ法

気功を使って、特有の呼吸法でリラックスする

気功法のトレーニングによって出産する方法です。気功特有の呼吸法、リラックス法があり、「ソーン」という言葉を唱えながらリラックスするという特徴があります。

ラマーズ法

呼吸法をマスターして痛みを和らげる

フランスのラマーズ博士によって開発された出産法で、独特の呼吸法があります。事前にお産のプロセスを理解することと呼吸法に集中することで、痛みを緩和させます。

ソフロロジー式分娩

イメージトレーニングでリラックスしてお産に臨める

フランスで生まれた出産法。ヨガと禅の呼吸法を取り入れています。妊娠中に精神を集中して出産をイメージトレーニングすることで、本番の痛みを和らげます。

水中分娩

水中でリラックスしながらお産

温水の中でリラックスしながら出産できます。水の浮力が痛みを軽減する効果もあります。ただ、水中出産ができる産院は限られているので、事前によく調べましょう。

無痛（和痛）分娩

麻酔薬で痛みを取り除いて出産する

出産の痛みを麻酔薬などを使って緩和する方法です。痛みは軽減しますが、いきむタイミングが自分ではわかりづらいデメリットもあります。赤ちゃんへの影響はありません。

フリースタイル分娩

自分が好きな姿勢で産むことができる

出産するときに、自分が一番ラクだと思う好きな姿勢をとることができる方法です。人によってラクな姿勢はさまざまなので、床にしゃがんだり、立てひざをついたりする人もいます。

LDR

陣痛から産後回復まで同じ部屋で過ごせる

陣痛（Labor）、出産（Delivery）、回復（Recovery）の略語で、陣痛から出産、産後回復までをひとつの部屋で過ごすことができます。移動するストレスがありません。

いよいよ分娩というタイミングで、ベッドが分娩台に早変わりします。

この時期に！ 後期 → 産後

まずは必要最低限 育児グッズのそろえ方

育児グッズは、とにかくいろいろと買いたくなってしまいますが、赤ちゃんにとって本当に必要なものを賢く準備することが大切です。育児グッズは、安定期に入った妊娠中期くらいから準備を始めます。**購入予定グッズをリストアップしておくと、もれがなく安心です。** リスト化したら予算を決め、購入するもの、レンタルするものなどを決めたり、価格を比較したりして、上手にそろえていくようにしましょう。

> ムダのないよう買いそろえたい
> これだけは！

育児グッズの準備の流れ

妊娠〜5カ月

下調べをしてリストアップを
何が必要か、「母乳グッズ」「お風呂グッズ」などと種類ごとに調べてリストアップします。先輩ママの経験談を聞いてみるのもよいでしょう。

6〜7カ月

商品を見て予算を考える
購入前にインターネットなどであらかじめ値段を調べておくと、全体の予算が立てやすくなります。無理のない予算を立てましょう。

8〜9カ月

買いそろえる
十分リサーチしたら、店頭や通販などで購入します。ベビーカーやチャイルドシートは実際に店頭で見て決めたほうが失敗がありません。

臨月

買い忘れチェックとセッティング
購入後はリストアップした表をもとに、買い忘れがないかをチェックします。ベビーベッドなどはセッティングして、赤ちゃんを迎える準備を。

産後

買い足していく
妊娠中は必要最低限のものだけ用意し、産後に買い足すのが賢いそろえ方です。産後すぐはパパなどに代わりに行ってもらいましょう。

> 産後までに余裕を持って準備しよう

check point

- ☐ 育児グッズを購入するタイミングを知ろう
- ☐ 最低限そろえておきたいグッズを確認しよう
- ☐ お下がりをもらったりレンタルを利用したりして賢くそろえよう

86

これだけはそろえておきたい！ 育児グッズ

ベビー布団
ベビーベッドを用意しなくても、赤ちゃん用の布団は必要です。夏用のタオルケットはバスタオルでも代用できます。

ベビーバス
生まれたばかりは抵抗力が弱いため、大人といっしょのお風呂に入るのは避け、専用のバスを用意します。

ガーゼ
ガーゼは新生児のときだけでなく、長い間何かと重宝します。最初は10枚ほど用意しておけばよいでしょう。

紙おむつ＆お尻ふき
産後すぐの赤ちゃんは、おしっことうんちの回数が多いため、消費量も多め。お尻ふきは買いだめするほうが◎。

肌着
裾が短い短肌着は肌着の基本。季節に応じて肌着とウエアを組み合わせます。

ツーウェイオール
ボタン次第でベビードレスにもカバーオールにもなります。長く使えて便利です。

ソープ類
大人用は赤ちゃんにとっては刺激が強いので、必要です。手で洗ってあげましょう。

爪切り
のびるのが早く、放っておくと顔をひっかいてしまいます。こまめにケアをしましょう。

ベビーめん棒
耳掃除以外に沐浴後のおへその手入れ、鼻掃除などさまざまなところで使えます。

ベビーウエアは水通ししておこう！

水通しとは、着せる前に一度水洗いしておくということです。赤ちゃんの肌は大変デリケートなので、肌トラブルを起こさないように行います。

賢くそろえるために！

レンタルを利用する

ベビーベッドやベビーカーなど、高額で失敗したくない品はレンタルして試してみるのがおすすめです。期間や値段などは業者によって異なります。

お下がりをもらう

高額なベビーカーやバウンサーなどは、お下がりを譲ってもらうと節約になります。譲り受けたら感謝を伝え、お礼の品を送りましょう。

産後は必要に応じてコレを買い足し！

赤ちゃんの成長に合わせて、お世話に必要なものをそろえて。
ベビーカーなど高額なものは、よく検討しましょう。

抱っこひも・ベビーカー

ベビーカーも抱っこひももも新生児から使える種類もあれば、首が座ってからでないと使えないものもあります。成長と使用頻度によって買うか決めましょう。

ミルク・授乳グッズ

必要かどうかは母乳の出によります。例えば完全母乳派のママでも母乳の出によっては、哺乳びんや粉ミルクなどが必要になることがあります。

チャイルドシート

車に乗せる場合は装着することが義務づけられているので、病院から退院するときも必要です。車にのせる頻度で購入を考えましょう。

ベビー用スキンケアグッズ

ベビークリームやベビーローションなどのスキンケアグッズは、使ってみないと赤ちゃんの肌に合うかどうかわかりません。買いだめしないようにして、試しながら選びましょう。

---

point

お下がりをもらうときはしっかり検討してからもらおう

ベビーベッドなど大きなグッズの場合は、自宅に置くスペースがあるかどうか、サイズを確認します。また取扱説明書がついているかどうか確認し、ない場合は使い方をよく聞いておきます。

> 買ってよかった？
> いらなかった？

先輩ママの育児グッズアドバイス 24

🐰 買ってよかった
💧 いらなかった

お尻ふきウオーマー

🐰 「お尻が冷たいとかわいそう」と思い、購入しました。うんちもきれいに拭き取れてよかったです。

💧 夏生まれなので普通のお尻ふきで十分でした。外出先では使えないので、いらなかったです。

授乳クッション

🐰 腕が全然疲れないと聞いて購入。これのおかげで腕だけでなく、肩こりに悩まされることもありませんでした。

💧 高さを調整できないので授乳しづらいうえに、授乳のたびに用意するのが面倒で使わなくなりました。

ベビーベッド

🐰 ベビーベッドでよく寝てくれるし、柵があるので昼間家事をしている間にひとりで遊ばせられるのでラクでした。

💧 買ったはいいものの、添い寝でしか寝てくれず、結局数える程度しか使えませんでした。

セレモニードレス

🐰 退院時のベビー用ドレスはシンプルなものをチョイスしたので、ちょっとしたイベントにも使うことができました。

💧 はりきってゴージャスなドレスタイプを買いましたが、退院時とお宮参りしか出番がありませんでした。

ベッドメリー

🐰 音の鳴るほうを見つめたり、手をのばしたりと、きげんよくひとりで遊んでくれていました。

💧 少し反応してくれるものの、すぐ飽きてしまうので、本当に短期間しか使いませんでした。

バウンサー

🐰 私が家事やお風呂のときも、バウンサーの上でごきげんでいてくれたし、軽くて場所もとらないので便利でした。

💧 バウンサーにのせても泣きやむことがなかったので、好き嫌いには個人差があるのだと痛感しました。

ミトン

🐰 爪で顔をかいてしまうことが多く、こまめに爪を切っても傷をつけるので重宝しました。

💧 かわいいのでつい、何個も買ってしまい、後悔。顔をかくクセもなかったので、いらなかったです。

おむつかえシート

🐰 外出先でも汚す心配がないので便利です。防水仕様でうんちがもれる心配もありませんでした。

💧 バスタオルで代用できるし、おむつの下に新しいおむつを広げれば用がすむので、使いませんでした。

ハイ＆ローチェア

🐰 スイング機能が気持ちいいみたいで、のせると静かになりました。離乳食のときの椅子としても使えて便利。

💧 家が狭かったので、場所をとって邪魔でした。身近に譲る人もいないのでどうしようかと悩んでいます。

鼻吸い器

🐰 鼻が詰まってつらそうだったので、購入。他の方法よりずっとラクに吸い出すことができました。

💧 うちの子がすごく嫌がって泣いたので、使うのを断念しました。そもそもあまり風邪をひきませんでした……。

おむつ用ごみ箱

🐰 夏はにおいが気になったので、買って正解。専用カセットで密閉されているので、においを気にせず快適に過ごせました。

💧 専用カセットが高価でランニングコストが思いのほか、かかりました。フタつきごみ箱で十分かも。

授乳ケープ

🐰 授乳室のある施設がまわりにあまりなかったので、必須アイテムでした。見た目もおしゃれでお気に入りでした。

💧 最初は使っていましたが、慣れると薄手のストールで代用できたので、専用のものを買う必要がありませんでした。

この時期に！

後期 → 産後

ママも赤ちゃんも快適な育児のための部屋づくり

産後1週間ほどで家に赤ちゃんを迎え入れることになります。妊娠中から赤ちゃんが過ごす部屋を用意しておきましょう。

昼はリビングに、夜は寝室に、赤ちゃんの場所をつくるママが多いようです。**スペースを確保したら、赤ちゃんの目線になって危険がないかチェックします。** 落下物の恐れがないか、温度や風通しは心地よいかなど、赤ちゃんが快適に過ごせる空間づくりを。

これだけは！
赤ちゃんの目線で安全かどうか確認

★1 スケジュールを立てる

家の間取りを確認してスペースをつくる

リビングにつくるときは、ママが家事をしながらでも目線が行き届く場所にします。また、赤ちゃんの安全が最優先なので落下しやすいものの近くは避けます。

寝具や育児グッズを決める

スペースの広さによってベビーベッドか布団かなどを決め、グッズをそろえていきます。買い過ぎてものを置き過ぎると、ママが動きづらいので注意します。

赤ちゃん目線でチェック

実際に寝転んでみたりして赤ちゃんの目線を体験すると、新たに危険が発見できます。赤ちゃんにとっては少しの転倒も危険なので、細心の注意を払います。

妊娠中に考えておくと安心だよ

★2 危険がないかチェック

落下物 の恐れがないか

例えばカレンダーやポスターなど、落下する心配のあるものは、赤ちゃんのまわりに置いてはいけません。地震などで転倒する家具がないかもチェック。

転落 の恐れがないか

ベビーベッドの柵は必ず閉めて寝かせ、ベビーチェアなどのベルトもしっかり締めます。特にうつ伏せを覚えると転落事故が多くなるので、注意しましょう。

窒息 の恐れがないか

赤ちゃんの窒息は布団や枕などで気道をふさがれることで起こります。ぬいぐるみなどの小物は寝具まわりには置かず、敷布団はかためのものを用意します。

誤飲 の恐れがないか

赤ちゃんの手が届くところに誤飲の危険性があるものを置かないように、常に注意を払います。掃除を欠かさず、赤ちゃんの目線で落ちているものがないか確認しましょう。

check point

- ☐ 部屋づくりのスケジュールを立てよう
- ☐ 赤ちゃんの目線で落下物がないかなど危険をチェックしよう
- ☐ 産後すぐのママにとっても快適に過ごせる部屋をつくろう

ママの快適
- 赤ちゃんの授乳がしやすい
- スムーズに移動できる
- リラックスできる

産後のママはまだあまり活発に動けず、慣れない赤ちゃんのお世話で疲れがちです。スムーズに部屋の移動ができること、リラックスして授乳できる場所の確保が大切。

赤ちゃんの快適
- ちょうどよい温度
- 風通しがよい
- 静か

赤ちゃんは体温調節が苦手なので、直射日光やエアコンの風が直接あたるような場所は避けます。日中はなるべく日あたりがよく、夜は静かな場所を選びます。

3 ママも赤ちゃんも快適かどうかをチェック

寝室はママと赤ちゃんが並んで眠れるように。

赤ちゃんに危険がない、すっきりとした部屋に。

快適で安心な部屋づくりチェックリスト

- ☐ 赤ちゃんの枕元には何も置いていない
- ☐ ママと赤ちゃんの布団は別になっている
- ☐ 照明器具は赤ちゃんの上に配置しない
- ☐ テレビは赤ちゃんの場所から離れている
- ☐ 赤ちゃんの体が沈むようなやわらか過ぎる布団は避ける
- ☐ 赤ちゃんの近くにポスターやカレンダーをはらない
- ☐ 窓やエアコンの近くに赤ちゃんを配置しない
- ☐ 空気の入れ換えをする。または空気清浄機を配置する
- ☐ エアコンの温度は夏は25〜28℃、秋冬は18〜22℃に設定する
- ☐ 授乳のしやすいスペースをつくる
- ☐ ベビーベッドの柵をしっかりつける
- ☐ 赤ちゃんの近くにポットなどを置かない

里帰り出産のための準備と段取り

初期 → 後期

これだけは！
転院の準備はなるべく早めに

里帰り出産とは、ママが一時実家に帰り、実家近くの産院で出産することです。**妊娠34週ごろまでには里帰りしておく必要があります。** また、転院先の産院も予約しなければいけないので、里帰り出産をするかどうかはパパや家族と話し合ってなるべく早めに決めましょう。
実母が力になってくれるなどのメリットもありますが、デメリットもあります。決める前にパパとよく相談を。

🚩 里帰り出産のメリット・デメリット

決める前にメリット、デメリットを知り、納得のいくお産を迎えましょう。

里帰りしない派

メリット
- パパといっしょにいられる
- 長く通院し、信頼関係が築けた病院で出産できる
- 移動の交通費がかからない
- パパも育児に参加しやすい
- ママ友ができやすい
- パパも育児の大変さを理解できる

デメリット
- 育児に対してのストレスを感じやすいことも
- パパとケンカになりやすいこともある
- ひとりのときに陣痛が始まるかもしれない不安がある
- 育児を教えてくれる人が近くにいない場合も

里帰りする派

メリット
- 家事を助けてもらえる
- 育児を教えてもらえる
- 産後にゆっくり休める
- 親孝行できる
- 実母がそばにいる安心感

デメリット
- パパといっしょにいられない
- 太りやすい
- 親と子育ての方針が違うとストレスになる
- 移動のための交通費がかかる
- おなかの張りやすい時期に移動することになる

移動は遅くても34週ごろまで

check point

- ☐ 里帰り出産するかどうかは、早めにパパと相談して決めよう
- ☐ 早めにスケジュールを立てて準備しよう
- ☐ 産後に自宅に戻るときの準備もしておこう

里帰り出産する場合のスケジュール

帰省は出産1カ月前でよいですが、その前に転院先の診断を受ける必要があるので早めに決断しましょう。

妊娠初期

やること
- □ 里帰りすることについてパパに相談する
- □ 親に里帰り出産してよいかを確認する
- □ 通院の病院と出産の病院を決める
- □ 里帰り先の病院では助成がどうなるのかを確認する

リサーチして早めに準備を
メリット、デメリットを知ってパパとよく相談し、決めます。実家にも早めの連絡を。自分のしたい出産方法ができる転院先をリサーチします。

妊娠中期

やること
- □ 移動手段やスケジュールを考えて病院を予約
- □ 赤ちゃんの衣類やお世話グッズを用意する
- □ 通っている病院に転院のことを伝える
- □ 可能であれば、転院先で一度診察を受けておく

スケジュールを立てシミュレーション
あらかじめどれくらいに帰省して、いつ戻るかを決めておきます。ママと赤ちゃんにとって負担の少ない移動手段を選びましょう。

妊娠後期

やること
- □ 自分の衣類や赤ちゃん用品を実家に送る
- □ 留守中のことについてパパと確認をする
- □ 転院のための紹介状をもらう
- □ 実家へ移動する

34週ごろまでには実家に帰省します
育児グッズを用意し、産後すぐ必要になるものは実家に送ります。長く家を空けることになるので、留守中の家事についてパパと確認します。

産後

やること
- □ 通院していた病院へ出産の報告
- □ 出生届けなどの提出の手配
- □ 1カ月健診を受ける

体をゆっくり休めて
せっかく実母という頼れる人がいるのですから、休めるときはしっかり休み、体力をつけましょう。

帰宅するときは…

出産後、1カ月健診を無事に終えたら実家を離れます。帰省したときと同様に、大きい荷物は先に送っておきます。

- パパに迎えにきてもらう
- 荷物は事前に送る
- 両親へのお礼を忘れずに

教えて!

出産後に里帰りをしたい場合は？

出産して退院後、すぐに里帰りすることも可能です。ただ、ママも赤ちゃんも体力がついていない時期なので、実家から車で迎えにきてもらうなどの方法をとりましょう。

この時期に！ 後期 → 臨月

動作に気をつけて大きなおなかで過ごす

妊娠週数が進むにつれて、おなかはどんどん大きくなるばかり。普通にしていた家事や動作ひとつにしても、妊娠前と比べると大変負担がかかるようになります。

例えば、座るときはあぐらをかく、眠るときは横向きになるなどラクな姿勢を探し、大きいおなかとうまくつき合っていくことが大切です。

また、何気ない行動が転倒などを招くこともあります。無理をせず、パパや周囲の協力を求めましょう。

> これだけは！
> **無理をせず周囲にサポートを求めて**

🚩 妊娠中に注意したい 3 つの動作

おなかが大きくなると体のバランスをとりづらく転倒しやすいので、おなかへの圧迫とあわせて、注意が必要です。

上に手をのばす
のびをする程度なら問題ありません。ただ、上に手をのばして高いところのものをとるという動作は、バランスを崩して転倒する危険があるので控えます。

うつ伏せ
おなかの赤ちゃんへの影響はないので、ママがラクなら問題ありません。ただ、おなかが大きくなる中期以降はつらくなるママが多いので、横向きがおすすめです。

かがむ
おなかを圧迫するうえに、バランスを崩しやすく、立ったままかがむと転倒しやすくなるので注意します。靴をはくときも、必ず椅子に座りましょう。

> こんな動作はパパにおまかせ

✿ ごみ出し
ごみを分別するときなどはかがむ動作が多いうえに、重いごみを持って運ぶのは負担になります。出勤するパパに頼みましょう。

✿ お風呂掃除
前かがみになって磨かなければならないことが多く、危険です。また、すべりやすいので、注意が必要です。パパが率先して行って。

✿ 高い場所の物をとる
バランスを崩しやすく、転倒の危険が高いのでパパにまかせましょう。また、高い場所の掃除もできるだけ避け、するとしても簡単にすませます。

check point
- [ ] なんでもない動作もつらくなるので、しっかり対策をとろう
- [ ] 妊娠中にすると危ない動作は、パパなど家族に協力を求めよう
- [ ] 座る、立ち上がるなどの動作ひとつひとつを注意して行おう

> おなかが大きくなるとつらくなる

8つの日常動作

座る、立ち上がるなどあたり前のようにしていた動作がしにくくなります。妊娠前とは体にかかる負担も違うので、工夫して対処を。

掃除機をかける
背筋をのばして

できるだけ柄をのばして、前かがみにならないように気をつけます。背筋をのばして片手で持つようにすると、腰痛を防げます。

座る
あぐらがおすすめ

椅子に座るときは浅めに腰かけ、できるだけ背筋をのばします。床に座るときは、あぐらがラクです。横座りは骨盤をゆがめる原因になるのでやめて。

食器を洗う
踏み台を利用して！

流し台などにおなかがあたることで圧迫され、苦しくなります。片足を半歩ほど後ろにずらして、体を斜めにしたり、踏み台を置いて片足をのせるとラク。

電車に乗る
優先席を利用

マタニティマークを常にバッグなどにつけて、優先席に座るように心がけます。混雑時は避け、乗車中に気分が悪くなったら、すぐに下車し休みましょう。

立ち上がる
バランスをとって

背筋をまっすぐのばして、おしりの筋肉を引き締めるように立ち上がります。足を前後にずらして立つと、バランスがうまくとりやすくなります。

階段の上り下り
手すりを使って

足元が見えづらくなり、特に降りるときが危なくなります。手すりなどをつかんで、一歩一歩ゆっくりと上り下りしましょう。家でも外出先でも同様です。

眠る
横向きになって

あお向けに寝ると大きくなった子宮で大静脈が圧迫され、気分が悪くなります。横向きはおなかへの圧迫もなく、ラクなのでおすすめです。

靴下・靴をはく
椅子などに座って

おなかが大きく、足元が見えづらくなります。立ったままはこうとするとバランスを崩す可能性があるので、必ず椅子などに座ってはきましょう。

中期 → 産後
体は準備を進めている！母乳の出るしくみを知る

> これだけは！産後にあわてないために知っておこう

妊娠すると乳房が大きくなると感じますが、体内でも母乳をつくる体への準備が進んでいきます。

母乳はママの血液からつくられます。ホルモンの働きによって乳腺が発達することで、血液がたくさん送り込まれ、出産までに母乳を出す準備が進みます。産後、赤ちゃんが乳首を口にふくむことで、母乳が出る状態がつくられているのです。

ただし、母乳の出は乳頭の形などによって異なります。

ママにも赤ちゃんにもうれしい！ 母乳の効果

母乳は赤ちゃんの健康によいだけではなく、ママにとってもメリットがあります。

ママにとっての効果
- 産後の子宮収縮を助ける
- ミルク代がかからない
- いつでも与えられる
- カロリーが消費でき、体型が戻りやすい
- 母性が育まれる

赤ちゃんにとっての効果
- 栄養が豊富
- 免疫物質が含まれている
- 噛む力がつく
- 気持ちが静まる

母乳が分泌されるしくみ

赤ちゃんが吸うことで出るようになる

赤ちゃんが乳頭を吸って刺激することで、母乳の分泌を促すホルモンが分泌されます。

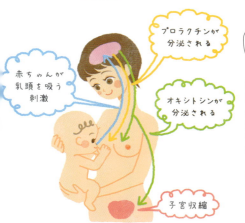

- 赤ちゃんが乳頭を吸う刺激
- プロラクチンが分泌される
- オキシトシンが分泌される
- 子宮収縮

check point

- ☐ 妊娠中から母乳について知識を深めておこう
- ☐ 母乳は赤ちゃんにとってもママにとってもメリットがあることを知ろう
- ☐ 乳頭のタイプを知って、必要ならマッサージを行おう

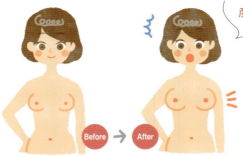

妊娠前のおっぱい

乳頭の大きさも形もさまざま

乳頭の大きさも陥没しているかどうかなども、個人によってさまざまです。

妊娠前と産後ではこんな変化が！

授乳中のおっぱい

乳腺の発達でサイズアップ！

バストのサイズが2カップほどアップするほか、赤ちゃんが吸いやすい形の乳頭になります。

赤ちゃんのために母乳についてよく知っておこう！

自分の乳頭のタイプをチェック！

形は人によって違います。自分のタイプを確認してみましょう。

陥没タイプ

乳頭がおっぱいの中に引っ込んでいる状態です。普段から衣類などの刺激を受けていないので、赤ちゃんに吸われると傷ついてしまうことが。

扁平タイプ

乳頭が出ておらず、平らなタイプです。赤ちゃんがくわえにくいので、乳頭をつまんでマッサージし、くわえやすくしておきましょう。

理想の乳頭

大き過ぎることなく、小さ過ぎることもなく、引っ張ったときに2cmくらいのびる状態。やわらかくて吸いやすい乳頭です。

NG　下着や衣服で胸を締めつけないようにしよう！

通常の下着は乳房を締めつけ、乳腺の発達を妨げます。妊娠4カ月くらいにはマタニティ用のインナーに替えましょう。

大きめタイプ

乳首が大きいと赤ちゃんの口に入りづらく、飲みにくいことが。マッサージをしておくと、皮膚がやわらかくなり赤ちゃんが吸いやすくなります。

小さめタイプ

乳頭が小さいと、赤ちゃんが吸ったときに圧力がかかりやすく、傷つきやすくなります。赤ちゃんも吸いづらいのでマッサージを（→P99へ）。

中期 → 産後
妊娠中から授乳に備える おっぱいケア

これだけは！
生活習慣も母乳に影響する

ママのとった栄養はそのまま血液となって、母乳の原料になります。つまり、**ママの食生活や生活習慣がおいしい母乳をつくるカギ**なのです。

食事は1日3食をバランスよく食べることが何よりです。主食、主菜、副菜は欠かさずとり、脂質や刺激物は控えるようにします。

また、スムーズに授乳ができるように、妊娠中から乳房や乳頭のケアを心がけるようにしましょう。

★ よい母乳ができるための生活

1 食事はバランスよく！
1日3食は欠かさず食べ、できるだけ一汁三菜を心がけます。ビタミンとミネラル豊富な野菜をたくさんとるように心がけましょう。

2 上半身をほぐす
毎日上半身を軽くほぐすストレッチをすると、乳房が動いて血液が乳腺に流れやすくなります。肩を前後に回すなど簡単なものでOKです。

3 体を冷やさない
血液循環を促すために、冷え対策をして体を温めることが大切です。もともと冷え性のママは妊娠中から心がけてください。

足湯などで温める
40℃前後のぬるま湯に足を入れ、15分ほどつけて温めます。末端から全身の血行がよくなります。

冷たい飲み物を避ける
妊娠中は水分補給が大切ですが、できるだけ白湯やほうじ茶など、温かい飲み物をとるようにしましょう。

「首」を温める
3つの首（首、手首、足首）は常に冷やさないようにすることが大切です。手袋、ストールなどを忘れずに着用しましょう。

4 乳頭を清潔にする
乳頭をマッサージするときは手を石けんで洗い、爪を短く切ってから行います。また、分泌物などが出たらきれいに拭き取っておきます。

check point
- 妊娠中から規則正しい生活習慣をして、おいしい母乳をつくろう
- 食事は1日3食は欠かさず、一汁三菜を心がけよう
- スムーズに授乳できるよう、乳房と乳頭ケアを忘れないようにしよう

🚩 母乳が出やすくなるおっぱいマッサージ

妊娠中から乳房と乳頭のケアをして、授乳しやすい
おっぱいにしておきましょう。

妊娠 **20週** ごろから

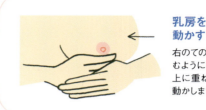

1 乳房を横に動かす

右のてのひらを左の乳房を包み込むようにあてます。左手を右手の上に重ね、内側に3回ほど押し動かします。反対側も同様に。

2 乳房を縦に動かす

両てのひらを一方の乳房を包み込むように下からあて、まっすぐ3回ほど押し上げます。反対側も同様に行います。

NG おなかの張りを感じたら中止

乳頭への刺激は、子宮を収縮させます。少しでもおなかの張りを感じたら、無理をせず中断します。張りやすい場合、妊娠34週ごろまでは早産を防ぐために控えたほうがよいでしょう。

3 乳頭を圧迫する

親指、人さし指、中指で乳頭をつまみ、1、2、3と数えながらゆっくりと圧迫します。4でやめ、少しずつ指の位置を変えながら同様に圧迫します。

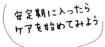
安定期に入ったらケアを始めてみよう

4 乳頭をつまみながら動かす

乳頭をつまんだまま、縦方向に引っぱります。次に、3本の指の腹でクルクルとねじるように力を加えます。

赤ちゃんに影響はない？やっていいこと、悪いこと

初期 → 臨月 この時期に！

これだけは！ 赤ちゃんの存在を忘れずに

妊娠すると、普段何気なくしていた行動のひとつひとつが「やっていいのか、悪いのか」と気になってしまうものです。快適なマタニティライフを送るためにも、気をつけなければいけないことを知っておきましょう。

妊娠中に日常生活を送るうえで大切なのは、**妊娠時期や体調を第一に考え、無理をしないこと**です。またおなかに赤ちゃんがいることを常に忘れないようにしましょう。

🚩 スポーツ 編

やり慣れたものでも医師に相談しよう

妊娠中に体を動かすことはよいことなので、基本的にOKですが、おなかに負担がかかるものもあります。始める前に医師へ相談するとよいでしょう。無理をしないことも大切。

OK
- ウォーキング
- マタニティヨガ
- マタニティビクス
- マタニティアクア

妊婦向けのプログラムやラクな運動が◎。

NG
- 登山
- シュノーケリング
- ジョギング
- 釣り

体に負担がかかりがちなので×。

🚩 乗り物 編

妊娠後期はできるだけ避けて

車も自転車も十分注意すれば運転するのに問題はありません。ただ、どちらとも臨月になったら控えたほうが安全です。電車やバスなども長時間乗るのは避けます。

自転車 ✗
サドルからおなかに直接振動が伝わるうえ、バランスを崩しやすいので控えたほうがよいでしょう。

電車 ◯
ラッシュ時を避け、体調不良でなければ問題ありません。できるだけ座り、マタニティマークを忘れずに。

自動車 ◯
体調に問題がなければ、運転してもかまいません。ただ、疲れやすいので長時間の運転は避けます。

飛行機 △
妊娠経過が順調なら問題ありませんが、妊娠週数によっては医師の診断書や同伴が必要になります。搭乗前に確認を。

---

check point

- ☐ 不安を感じたら、する前に必ず医師に相談しよう
- ☐ 妊娠週数によって、気をつけなければいけないこともあると知ろう
- ☐ おなかに赤ちゃんがいることを常に考えて、行動しよう

先輩ママが教える 産後はできなくなるから！ 妊娠中やってよかったこと

- パパとデートする
- 大掃除や片づけをする
- マタニティマッサージを受ける
- ゆっくり読書する
- ショッピング
- 友人に会う
- 行きたい店で外食
- ベビーグッズを手づくりする
- 内祝いのリサーチをする
- マタニティフォトを撮る

専門のスタジオも多く、人気のマタニティフォト。妊娠中にしか撮れないので、一生の記念になります。

おなかに赤ちゃんがいることを忘れないで！

イベント編

妊娠中ということを忘れずに

妊娠中でも息抜きは必要なので、安定期に入っていて経過が順調なら基本的に問題ないでしょう。ただし、参加する場合は、どのイベントでも無理は禁物です。

カラオケ
長時間でなく、同席者に喫煙者がいなければOKです。歌うとおなかに力を入れがちなので、おなかが張ってきたら休憩を。

ライブ
ライブのジャンルや拘束時間にもよります。野外イベントや総立ちのライブは避け、座って聞けるようなものを選びましょう。

結婚式
遠方の場合、妊娠初期と臨月では避けたほうが無難です。式中に体調が悪くなる可能性を考えて、席をはじにしてもらうと◎。

引っ越し編

可能なら安定期に合わせて

家族が増えるので、妊娠中に引っ越しをするケースは多いようです。安定期に入ってからにして、ママは重いものを持たないように気をつけます。妊娠後期は避けましょう。

ママがすること
- 家具の配置を考える
- 引っ越し業者の手配
- 食器などの軽いものの梱包
など

パパがすること
- 不用品の処分
- 大きな家具・家電の梱包
- 管理会社への手続き
など

そのほかやっていい？悪い？

- 食べ物のこと → **44**ページへ
- セックスのこと → **66**ページへ
- 美容のこと → **70**ページへ
- 薬・サプリメントのこと → **48**ページへ
- 旅行・お出かけのこと → **68**ページへ

中期 → 後期

適度に動いて安産体質に マタニティフィットネス

これだけは！ 適度に運動してスムーズなお産を

妊娠中は体重をコントロールし、体力をつけてスムーズに出産するためにも、適度な運動が求められます。体を動かすことは、ストレス発散になり、よいリフレッシュにもなります。

マタニティフィットネスは、胎盤が完成する妊娠16週くらいから始めることができます。ただ、どんな運動でも、始める前に医師への相談が必要です。妊娠中の体に負担がかからないことが第一です。

妊娠16週以降は適度な運動を

近所をウオーキング

ウオーキングは最も手軽で誰にでもできる運動です。基礎体力をつけるためにちょっとした近所でも積極的に歩くようにしましょう。万が一のために母子手帳などは携帯を。

point
- 姿勢を正しくする
- 歩幅は小さめに
- おなかが張ったら中止

先輩ママの やっててよかった マタニティフィットネス

夏場だったので、マタニティアクアに通うのがとても気持ちよかったです。体重管理もラクにできました。

妊娠前からエアロビクスをしていたので、マタニティビクスがよいストレス解消になりました。友達もできたので、いいことばかりでした。

マタニティヨガはとてもよい気分転換になりました。学んだ呼吸法を生かして、お産のときにリラックスすることができました。

あまり運動をするのが好きではないので、とりあえず散歩を欠かさず行いました。パパとふたりで歩くのは、とても楽しかったです。

check point

- ☐ 安定期に入ったら適度な運動をして安産のための体をつくろう
- ☐ 自分に合うマタニティフィットネスを選んで、無理なく続けよう
- ☐ どんな運動でも、始める前に必ず医師へ確認しよう

人気の
マタニティフィットネス

マタニティ専用のプログラムが用意されている施設や産院併設の施設もあり、安心して運動することができます。

マタニティビクス
出産に必要な5つのメソッドが含まれた妊婦に最適なプログラム。軽快なリズムで赤ちゃんとの一体感も楽しめます。体重コントロールにも効果があります。

マタニティヨガ
ゆったりしたペースで妊娠中の体に無理のないポーズを中心に行います。ヨガで学んだ呼吸法は、心身をリラックスさせる効果があるのでお産のときに役立ちます。

マタニティアクア
プールで行うエアロビクス運動です。水の水圧、抵抗、浮力という特性は妊娠中の体を無理なく鍛えることができます。立って行うので泳げないママにもおすすめ。

NG 安静中、ハイリスク出産の人は運動は避けて
妊娠の経過に問題があるママや、合併症を患っているなどハイリスクを抱えているママは運動禁止です。そもそも安静にしなければいけないママもいます。運動を始める前に必ず医師に相談を。

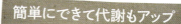

簡単にできて代謝もアップ

マタニティフィットネス

お産に向けても パワーアップ するよ

自宅でできる手軽なエクササイズを紹介します。
安定期に入ったら、体調のよいときに行ってみましょう。

1 姿勢を正す

足を肩幅より少し大きく開き、つま先はやや外を向くようにします。手を組み、のびをして背筋をのばします。ゆっくりと腕を下ろすと、正しい姿勢になります。

point
妊娠中は大きくなるおなかをかばって
姿勢が悪くなるので、この姿勢を意識して。

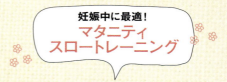

妊娠中に最適！
マタニティ
スロートレーニング

**筋力がつくので
赤ちゃんを支える力が高まります**

赤ちゃんの成長にともない、ママの骨盤や関節には負担がかかります。左のようにゆっくりとスクワットをする動きで、下半身の筋力をつけることで体を支える力が強くなり不快症状の予防になります。また、筋量も上がれば代謝も上がり、体重コントロールに効果的！ 血流がよくなり、体がぽかぽかと温かくなってくるのを実感できるはずです。

**体調が悪かったり
痛みがあるならやめて**
腰や恥骨(ちこつ)のあたりに痛みを感じたり、体調がすぐれない場合には、中止してください。もちろん、自宅安静が必要な場合も、無理に体を動かすのはやめてください。

マタニティフィットネスについてのQ&A

Q3 フィットネスをやってはいけないときはどんなとき?

A. 体調が悪いときや、おなかの張りを感じるときは休むようにしましょう。また、食後2時間以上たっていないときもやめます。

Q2 マタニティフィットネスは普通の運動とどう違うの?

A. 妊娠中の体に負担をかけず、効果が得られるようにプログラムが組まれています。体形も考慮された有酸素運動です。

Q1 フィットネスはだれでもできるの?

A. 医師から運動が許可されていれば大丈夫。ただし、胎盤が完成し、妊娠が安定する16週ごろから始めるのが安心です。

---

3 ひざをのばす

2・3の動きを4回くりかえす

息を吐きながら3秒かけて、ひざをゆっくりとのばします。ひざは完全にはのばさず、軽く曲げた状態で止めてください。

point
恥骨が痛む場合は無理をせず、中止してください。

2 ゆっくりと腰を落とす

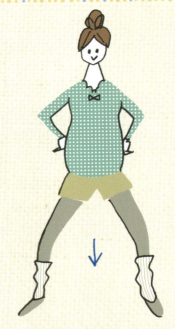

腰に手をあて、3秒数えながらゆっくりとひざを曲げて腰を落とします。体が前かがみにならないように注意してください。

point
足の裏全体で床を押すようにすると、より効果的です。

協力:日本マタニティフィットネス協会

中期 → 臨月

出産時に役立つ呼吸法を身につける

出産時は、陣痛に耐えるために呼吸がみだれがちです。しかし、呼吸をしっかりとすることを意識すると、陣痛が和らぎお産がスムーズに進むという効果があります。また、赤ちゃんにも酸素が十分に行き渡ります。

有名な呼吸法に「ガスケアプローチ法」と「ソフロロジー法」などがあり、病院によっておすすめしている方法は異なります。

妊娠中に呼吸法をマスターし、突然の陣痛でも落ち着いて呼吸ができるよう備えておきましょう。

これだけは！
酸素をしっかりと赤ちゃんに届ける

腹式呼吸を意識
ガスケアプローチ法

普段の生活では胸式呼吸になりがち。ガスケアプローチ法では、寝ているときに自然としている腹式呼吸を使って、ゆっくりと呼吸します。

1 正しい姿勢をとる
まず、まっすぐと背筋をのばします。体が反り返ったり、猫背にならないようにします。正しい姿勢だと、横隔膜の動きがスムーズになります。

2 ゆっくりと腹式呼吸をする
腟・下腹部に力を入れながら、口から息を吐き出します。次に、自然におなかをゆるめて、鼻から息を吸います。正しい腹式呼吸だと、吐くときに横隔膜が持ち上がります。

ガスケアプローチ法は産後にも役立ちます！

正しく腹式呼吸を行い、姿勢を正すと、腹筋や背筋も鍛えられ、腰痛の予防にもなります。産後も育児で姿勢が悪くなりがちなので、腹式呼吸を意識するのがおすすめです。

※参考「ベルナデット・ド・ガスケ著 シャラン山内由紀訳「妊娠・出産でもっと輝く女性のからだのケアガイド」メディカ出版

---

check point

- ☐ 出産に臨む前に呼吸法を身につけよう
- ☐ 普段から呼吸法を意識しよう
- ☐ 出産時の呼吸法についての多い悩みを知っておこう

呼吸法についての Q&A

Q1 練習してても本番でできるか心配

A. お産の段階に応じて、助産師さんがナビゲートしてくれることがほとんど。たとえ乱れても、呼吸を意識するだけでも効果があります。

Q2 いつから練習しておくべき？

A. 呼吸法はいつから始めてもOK。手軽にできるので、時間があるときに意識してやってみてください。本番に備えることができます。

Q3 呼吸法は妊娠中にも効果がある？

A. 呼吸が整うと体は自然とリラックス状態になります。赤ちゃんにもママの気持ちが伝わるので、母子ともにとても効果があるといえるでしょう。

Q4 正しくできているかわからないときは？

A. 意識して呼吸法をやっても、自分ではできているかわからないなら、パパにみてもらったり、健診時に助産師さんに確認してもらうとよいでしょう。

リラックスを重視 ソフロロジー呼吸法

陣痛を素直に受け止めて、お産をポジティブに考えながら、リラックスして呼吸する方法です。

息を吐くことに集中する
あぐらの姿勢で両手を下腹部にあてます。鼻で息を吸って、口から息をもらしながらゆっくりと吐き出します。

お産時の呼吸の流れ

1 陣痛室で あぐらの姿勢になり、リラックスして呼吸に集中します。

2 分娩室で 陣痛が強くなってきたら、呼吸を乱さず、赤ちゃんといっしょに頑張っていることを意識します。

3 陣痛後期 いきむ段階になり、助産師さんの合図があったら、息をもらしながらいきみます。

4 誕生直前 赤ちゃんが出てきたら、小刻みに息を吐きます。

出産&入院の準備

中期 → 後期 この時期に！
準備万端なら安心

できるだけ早めに入院の準備をする

これだけは！

予定日どおりにお産が始まるとは限りません。いつ入院してもいいように、妊娠中期ごろから入院生活について調べ、入院する準備を始めておきます。

必ず必要な入院グッズは、病院からあらかじめ伝えられることが多いのですが、先輩ママなどに持っていって便利だったものをリサーチすると、役立ちます。退院するときに必要となる、赤ちゃんの服やおむつもこのときに忘れずに用意しましょう。

🚩🚩 入院について確認しておくこと

出産間近や入院当日にあわてないように、入院生活について調べておきましょう。

分娩・入院費の支払い方法
産院によってさまざまです。出産育児一時金が産院に直接支払われる「直接支払制度」(→P198へ)を導入しているかどうかの確認も必要です。

入院予約
入院予約金とは、分娩予約をしたときや、ある程度の妊娠週数までに分娩入院費の一部を支払うシステムです。払う時期や値段は、産院によって異なります。

書類の提出時期
妊娠、出産でかかるお金は手続き次第で戻ってくるものも。その手続きを入院中にしなければいけないこともあるので、提出時期を確認しましょう(→P196へ)。

入院日数・スケジュール
産院によって異なりますが、経腟分娩の場合は4〜5日程度の入院が多いようです。どんなスケジュールで過ごすか確認して知っておくと、入院生活がスムーズです。

病室のタイプ
入院中に、赤ちゃんと同じ部屋で過ごす母子同室か、別室かを選択できることもあります。入院中くらいはゆっくりしたいと別室を選ぶママもいるのでよく考えて。

病院で準備されている 出産グッズ
病院によって異なるので確認しておきましょう

産褥(さんじょく)パッドや産褥ショーツなどの必需品は、産院で用意されていることが多いようです。ただ、何を用意しているかは産院によって異なるので確認を。

バッグに入れておくもの
- 産褥パッド
- 脱脂綿
- 産褥ショーツ
- スリッパ
- パジャマ
- おむつ

など

check point
- ☐ いつ入院してもいいように、早めに入院の準備をしよう
- ☐ 入院生活は産院によって異なるので、事前に確認しよう
- ☐ 入院グッズは先輩ママなどにリサーチしてから用意しよう

108

出産・入院グッズ 準備のスケジュール

直前になって「あれがない!」とあわてないように
早めの準備を始めておきます。

← 妊娠9カ月ごろ　｜　妊娠8カ月ごろ　｜　妊娠6〜7カ月

バッグに詰めて用意
バッグに詰めて玄関などに置いておきます。バッグは持ち運びのしやすい、大きめのトートバッグがおすすめです。

グッズを購入
ないものは買い足しましょう。パジャマは持っているものでも代用できますが、ゆったりしたワンピースタイプが便利。

グッズをリサーチ
何が必要か、先輩ママなどにリサーチ。産褥ショーツなどは貸し出しをしている産院も多いので、事前に確認を。

出産用のアイテム
- 母子健康手帳
- 健康保険証
- 診察券
- 印鑑
- 分娩・入院に関する書類
- 財布・小銭
- デジタルカメラ
- 携帯電話・充電器
- カーディガン
- 時計

など

入院用のアイテム
- 肌着
- 産褥(さんじょく)ショーツ
- パジャマ
- 母乳パッド
- フェイスタオル・バスタオル
- 洗面用具
- 基礎化粧品
- コップ・箸
- ポーチ

など
→ くわしくは208ページへ

先輩ママが教える！ こんなものが役立った！

ペットボトルストロー
お産中はとにかくのどが渇くもの。市販のペットボトルにはめるだけで、横になったまま飲めます。

リップクリーム
乾燥対策で持っていくと便利です。同様にハンドクリームも持っていくと手のカサカサに効果的。

ヘアゴム
ロングヘアのママは、慣れない赤ちゃんのお世話で髪の毛が邪魔になります。

汗ふきシート
産後当日は入浴できません。特に夏、出産予定のママは汗ふきシートがお役立ち。

着圧ソックス
産後、足のむくみに悩まされるママが多いようです。着圧ソックスでむくみ対策を。

音楽プレーヤー
入院生活中はリラックスして過ごしたいもの。お気に入りの音楽を携帯しましょう。

出産を体験したママたちが「あって本当によかった」という、おすすめ便利アイテムを紹介します。

この時期に！

初期 → 臨月

心も体もお産に備えて安産体質をつくる

これだけは！赤ちゃんを思って安産を目指す

どんなママでも、できればラクに、そして短い時間で、体に負担をかけず赤ちゃんを産みたいと思うものです。

安産を目指すには、普段の生活から気を配らなければいけません。といっても、そうむずかしいことではなく、睡眠時間をたっぷりとり、1日3食のバランスよい食事を心がけるなど、最低限の規則正しい生活が送れればOKです。おなかの赤ちゃんのことを考えれば、自然とできるでしょう。

★「安産」っていったい何？

痛みを感じないで産めれば「安産」になるのか、本当の意味での安産を考えましょう。

赤ちゃんが元気に産まれるお産
赤ちゃんはかけたい時間をかけて産まれてくるので、時間がかかったとしても元気に産まれてきてくれればお安産といえます。

ママが満足のいくお産
ママが「よい出産だった」と納得できるとよいでしょう。出産について勉強しておけば、無事に生まれてくれただけで満足できます。

自信を持って臨めるお産
出産には恐怖心を抱いてしまうものです。しかし、今まで赤ちゃんのことを第一に考えてきたママなら、自信を持って出産できます。

出産の流れについて知識を高めておこう！
陣痛から出産までの流れを把握しておかないと、不安になりがちです。陣痛には波があること、お産の進み方には個人差があることなどを覚えておいて。
→ くわしくは152ページへ

先の見通しが立てば安心だよ！

check point

- ☐ 本当の意味での「安産」を知ろう
- ☐ ストレスをためずに、適度な運動で安産体質になろう
- ☐ 赤ちゃんのことを第一に考えて、安産を目指そう

安産体質になれる6つのポイント

安産を目指すために、妊娠中に気をつけることは
実は簡単なことばかりです。

2 心をおだやかにする

ストレスをためないことが何よりなので、自分に合う方法でリラックスしましょう。妊娠中は我慢し過ぎずに過ごすことです。

- ストレスをためないようにする
- 好きな音楽を聞いてリラックスする
- シャワーではなく湯につかる

1 生活リズムを整える

規則正しい生活を送ることが一番です。朝日を浴びる時間に起き、夜は22時までに就寝する、食事の時間は毎回決めるなど生活を整えます。

- 食事は決まった時間に
- 朝は日光を浴び、夜は暗くして眠る
- 眠る前に半身浴をし、体を温める

4 体の調子を整える

出産には体力が必要です。ウォーキングや適度な運動で体力づくりに励みましょう。分娩時に大きく開脚するので股関節のストレッチも◎。

- ゴロゴロせずに適度に動く
- 股関節をやわらかくする
- ストレッチをする
- 体を冷やさないようにする

3 バランスのよい食事をとる

妊娠中の食生活はママだけでなく、おなかの赤ちゃんにも影響があります。1日3食バランスよく食べ、普段より1日にとる栄養素に注意します。

- 一汁三菜を心がける
- 野菜を多くとる
- お菓子など間食は控える

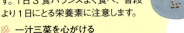

6 赤ちゃんのことを考える

おなかの赤ちゃんに話しかけるのは、ストレス解消にもつながります。また、出産に不安を感じたら赤ちゃんとの生活をイメージすると解消されます。

- おなかの赤ちゃんに1日1回は話しかける
- 赤ちゃんとの生活をイメージする
- お産の不安は解消しておく

5 無理をしない

安産体質を目指そうとして、自分の体に負荷をかけては元も子もありません。無理をせず休息をとり、自分だけで問題を抱えないようにします。

- 疲れを感じたら横になる
- 周囲へ協力を求める

この時期に！
後期 → 臨月

正産期に入ったらおだやかに臨月の過ごし方

妊娠36週以降を「臨月」と呼びます。いつ陣痛が起こり、入院するかわからないので入院する準備をしたり、お産の流れをシミュレーションしたりして過ごします。

ただし、まだかまだかと陣痛を待っていると、精神的に不安定になりがちです。これまで経過が順調なら心配することはないので、リラックスしてゆっくり赤ちゃんとの対面を待ちましょう。

> これだけは！
> リラックスして
> のんびり過ごそう

★ **37週以降＝正産期＝** いつ産まれてもおかしくない！

お産のイメージをして心をおだやかに
陣痛から出産に至るまでの流れを思い浮かべ、イメージトレーニングします。ただし、流れは人によって異なることも頭に入れておきます。

体を動かして体力をつけよう
お産はどれくらい時間がかかるかわからず、体力勝負です。普通に家事をしたり散歩をしたりと、適度に体を動かし、陣痛を促進しましょう。

体重管理は気を抜かずに
もう少しで出産だから、と油断してしまうママが多いようですが、この時期に体重が増えると難産になる危険性があります。

もうすぐ赤ちゃんに会えるね！

check point

- ☐ 今までの経過が順調なら問題ないので、リラックスして過ごそう
- ☐ いつ入院してもいいように、準備は万端にしよう
- ☐ 陣痛から出産までの流れをイメトレして、準備しよう

出産に備えてやっておきたいこと

いよいよあと少しで赤ちゃんと会うことができます。いつお産が始まってもあわてないように、準備を整えておきましょう。パパもスタンバイを忘れずに。

1 ひとりの外出は控え、準備を整える

いつ陣痛や破水などが起こるかわかりません。外出先でひとりのときに起こると対処が遅れることもあるので、できるだけひとりでの外出は避けましょう。

外出時は持っておこう
- 母子健康手帳
- 診察券
- 健康保険証
- 携帯電話
- 現金

2 入院グッズとスケジュールを再チェック

→ くわしくは208ページへ

入院に必要なものにもれはないか最終チェックを。また、入院中に提出しなければいけない書類関係のスケジュールも把握しておきます。

3 赤ちゃんのスペースをつくっておく

→ くわしくは108ページへ

産後赤ちゃんを迎え入れるために、赤ちゃんが過ごすスペースはあらかじめつくっておきます。パパはママの入院中に掃除を忘れずに。

4 出産・入院の段取りを確認

産院に連絡するタイミング、交通手段などを頭に入れておきます。お産は深夜に始まることもあるので、夜間連絡先なども調べます。

5 パパと打ち合わせをする

お産当日、パパへの連絡方法や仕事を休めるかどうかなどを相談して決めます。ママの留守中の家のことも頼みましょう。

Key Word
陣痛タクシー

**あらかじめ登録をする
こんなサービスも**

事前に登録しておけば、迎えにくる場所や病院の場所などを伝えずにすみます。24時間365日対応可能で、迅速にタクシーを配車してくれます。

日本交通株式会社
「陣痛タクシー」はHPから登録可能
http://www.nihon-kotsu.co.jp/
● 問い合わせ 03-5755-2151

パパが check!

- ☐ お産の日に仕事を休めるのか
- ☐ 退院日は迎えにこられるのか
- ☐ 留守中の家事ができるか
- ☐ お産が始まったときの連絡方法
- ☐ 産後の手続きや出生届け提出について

立ち会う場合は、あらかじめ会社に休めるかどうかなど、仕事を調整しなければいけません。また、留守中にパパにお願いしたいことなども伝えましょう。

バースプランを考えてみよう！

バースプランとは、あなたがどんな出産をしたいかという希望をまとめたプランです。
パパと一緒に考えてみましょう。

あなたの希望を書いてみよう！

陣痛中にしたいことは？

例
- 呼吸が乱れたらリードしてほしい
- 出産の進み具合を教えてほしい
- 弱気になったら励ましてほしい

立ち会い出産について

例
- パパの立ち会いは陣痛室までにしてほしい
- できれば上の子も立ち会わせたい
- パパにビデオ撮影をしてほしい

赤ちゃん誕生後にしたいこと

例
- パパにも抱っこさせてほしい
- 赤ちゃんをできるだけたくさん抱っこしたい
- パパと3人で写真を撮ってほしい

医療処置について

例
- できれば会陰切開はしたくない
- 帝王切開になった場合でも、すぐ赤ちゃんを抱きたい
- 陣痛促進剤はなるべく使いたくない

入院中の生活について

例
- なるべく追加料金を避けたい
- 沐浴指導にパパを参加させたい
- 疲れがひどい場合は、赤ちゃんを預かってほしい

2章

> ママと赤ちゃんを守る!

妊娠中の
トラブルと検査

妊娠すると、ママの体にはさまざまな変化が起こります。また、普段健康な人でも、妊娠中や出産時にトラブルが起こるということもあります。妊娠にまつわるマイナートラブルや病気などの知識を深めて、不安を取り除きましょう。

成長に合わせてさまざま 妊娠中に行う検査

この時期に！ 初期 → 臨月

> これだけは！
> 健診での検査は必要なものです

妊娠は病気ではありませんが、健康な女性であってもさまざまなトラブルが起こる可能性があります。妊婦健診では赤ちゃんの発育状態や母体の健康を観察し、流産、早産の兆候がないかなどをチェックしていきます。**まさかのトラブルを防ぐためにも、欠かさずに健診を受けることが大切です。**

また、初期、中期、後期に行う血液検査では、感染症や貧血についても調べます。

🚩 妊婦健診で行う基本の検査

妊娠経過が順調かどうかをチェックするためにさまざまな検査が行われます。

胎児の心拍確認
超音波ドップラー装置をおなかの上から赤ちゃんの心臓のあたりにあて、心拍の強さやリズムをチェックします。赤ちゃんの発育もチェックできます。

尿検査
尿中にたんぱくや糖がないか、妊娠高血圧症候群や妊娠糖尿病のリスクをチェックします。2回以上「＋」が出たらくわしい検査が必要です。

腹囲測定
メジャーでおなかの一番大きい部分の周囲をはかり、子宮の大きさを確認します。個人差があり、平均値はあくまで目安です。

体重測定
1カ月に1kg増えるのが目安になります。太り過ぎは妊娠高血圧症候群や妊娠糖尿病につながるので注意しましょう。やせ過ぎもよくありません。

超音波検査
超音波を発信するプローブを腟内に入れたりおなかの上にあて、異常妊娠の有無や赤ちゃんのようすをチェックします。

血圧測定
最高血圧が140mmHg以上、最低血圧が90mmHg以上だと、妊娠高血圧症候群の可能性あり。緊張すると正しい結果がでないのでリラックスを。

内診
医師が腟内に指や腟鏡という器具を入れて子宮頸部のやわらかさや子宮口の開き具合などを診ます。流産や早産の兆候がないかも確認します。

子宮底長測定
恥骨の中央から子宮の一番上までの長さをはかり、赤ちゃんの大きさをチェック。数値には個人差があるので、あくまでも目安と考えて。

---

check point

- 🚩 毎回行う検査の内容を知ろう
- 🚩 妊娠の状況によっては追加で検査が必要になることを知ろう
- 🚩 血液検査でわかることはたくさんあるので、ちゃんと受けよう

必要に応じて行う検査

妊娠に影響する病気の有無をチェック

妊娠中に数回行われる血液検査などで、感染症や子宮頸がんなど、妊娠に影響する病気がないかを調べることができます。早期発見、治療が重要なため、検査によってはママ全員に勧める病院も。

クラミジア検査
妊娠中に感染すると早産の原因になったり、出産時に赤ちゃんに感染して肺炎を起こす可能性のある性感染症の検査です。

カンジダ検査
妊娠中に起こりやすいカンジダ腟炎の検査。はっきりとした自覚症状があるので、検査では再確認の形になります。

GBS検査
B群溶連菌への感染の有無を、おりものの培養によって検査。陽性の場合赤ちゃんへの感染予防のためお産が始まってから抗生物質を投与。

子宮頸がん検査
多くはありませんが、妊婦健診で発見されることも。内診の際に簡単にできる検査なので勧めている病院も増えています。

ノンストレステスト
赤ちゃんの元気具合をみる検査。分娩監視装置をつけて子宮収縮と赤ちゃんの動きの関連を調べます。

骨盤X線検査
赤ちゃんの頭の大きさに対して骨盤が狭く児童骨盤不均衡が疑われるときに、くわしく調べるために行なわれます。

ある時期にだけする検査もあるよ!

血液検査

検査の前は手を温めておく

妊娠の緊急時の輸血や血液不適合への対処、各感染症の有無など血液検査ではさまざまなことがわかります。お湯や簡易カイロで採血するほうの手を温めておくと血管が広がり、採血がスムーズに。

【初期】

- **血液型** … 不規則抗体検査をします。血液不適合妊娠の可能性も。
- **貧血** … ママに多い、鉄欠乏性貧血の検査です。
- **梅毒** … 早期治療で赤ちゃんへの感染を予防することが大事。
- **B型肝炎** … 陽性反応が出た場合はさらにくわしい検査が必要です。
- **C型肝炎** … 陽性の場合はくわしく調べ、治療を開始します。
- **HIV** … 陽性の場合、帝王切開で母子感染を防ぐことに。
- **ATL** … 母乳で感染する可能性があり、母乳の与え方への対応が必要。
- **風疹** … 赤ちゃんに影響があるため、抗体がない場合は要注意。
- **トキソプラズマ症** … 妊娠中の初感染では赤ちゃんに影響するかも。
- **血糖値** … 糖尿病合併妊娠の場合は、出産まで管理が必要に。
- **甲状腺ホルモン値** … 赤ちゃんの発育に影響します。

【中期】

- **貧血** … 初期では正常でも、妊娠中に貧血になることも多くあります。

【後期】

- **貧血** … 後期になると、さらに鉄欠乏性貧血のママが増えます。
- **血液凝固** … 出産時の出血に備え、血小板の数や凝固機能を検査。
- **血糖値** … 妊娠糖尿病はこの時期に発症することが多いので要注意。

この時期に！
初期 → 中期

妊娠中に起こるつらい症状の対処法

これだけは！
神経質になり過ぎない

つわりは、妊娠初期の一番の悩みです。妊娠中の女性の50〜80％が経験するといわれる一般的な症状で、吐き気や胃のムカムカ、全身のだるさなどを感じることが多いようです。

たいていは時間の経過で治まるので、神経質になり過ぎないようにしましょう。ただし、1日に3〜4回吐く、体重が1週間で2〜3kg減るなどの症状がみられたら受診をおすすめします。

教えて！
つわりはどうして起こるの？

ホルモンが原因ともいわれます

つわりの原因ははっきりとはわかっていません。ホルモンが大量に分泌されるため、それによる変化に体がついていかずつわりが起こるという説がありますが、これがすべての原因とはいえません。

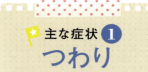

主な症状 ❶
つわり

吐きづわりや食べづわりなど、症状は人によってさまざまです。めまいなどが起こる人も。

Key Word
妊娠悪阻（おそ）

重症化すると幻覚症状なども

体重の激減、激しい嘔吐など、病的なつわりを妊娠悪阻といいます。妊娠により血液が固まりやすい状態に変化しているこの時期につわりによる脱水が加わると血栓症が起こりやすくなります。適度な水分補給をしましょう。

自分の状態をチェック
つわりの主な症状

- ☐ 食欲がない
- ☐ 何か食べないと気持ちが悪い
- ☐ いつも眠い、だるい
- ☐ においに敏感
- ☐ 食べ物の好みが変わる
- ☐ 便秘や下痢をする
- ☐ 吐き気や嘔吐がある

check point

- ☐ つわりの主な症状や原因を確認しよう
- ☐ 妊娠後期では、少量の出血でも注意して受診しよう
- ☐ おなかの張りを感じたら無理をせず安静にしよう

つわりの時期の
のり切り方アドバイス

どんなにつらいつわりでも必ず終わるときがきます。
無理をしないでのり切りましょう。

アドバイス 1
ヨガやストレッチで体を動かす

ヨガやストレッチは深く呼吸をしながら行うため、体内のリンパの流れがよくなりリラックスして気分がよくなります。もちろん気分が悪くなったらすぐに中止します。

アドバイス 2
赤ちゃんのことを考える

つわりがつらいのは赤ちゃんが元気に育っているということ。つらいときはおなかに手をあてて赤ちゃんのことを考えて前向きな気持ちになりましょう。

アドバイス 3
食べ物や飲み物でスッキリする

胃が空っぽだと、つわりはよりつらくなります。水分をしっかりとり、梅干しやあめなど、すぐ口に入れられるものを少しでも胃に入れるとラクになることも。

つわり期ののり切り食品　先輩ママが教える
（編集部調べ）

トマト	オレンジジュース	炭酸水	フライドポテト
カリカリ梅干し	ところてん	春雨スープ	クラッカー
大根おろし	塩むすび	ヨーグルト	グレープフルーツ

人によってさまざまですが、上記の食品でつわりをのり切った人は多いようです。においがつらい場合は少し冷やすと食べやすくなります。

アドバイス 4
無理をせず横になる

つわりのときは体を休めるのが基本です。10分間など短い時間でもずいぶん変わるので、つらいときは無理をせず横になって過ごしてください。

アドバイス 5
気分転換をする

友人と話したり、好きな音楽を聞くなど、気分転換も効果的です。リラックス効果のあるハーブティーやフレーバーティーを飲むのもよいでしょう。

腟からの出血で疑われるトラブル

- 異所性妊娠（子宮外妊娠）→ 132ページへ
- 初期流産 → 129ページへ
- 切迫流産 → 128ページへ
- 子宮頸管無力症 → 133ページへ
- 前置胎盤 → 134ページへ
- 切迫早産 → 130ページへ
- 常位胎盤早期剝離 → 134ページへ

自己判断せずに迷ったら医師に相談しよう

心配の少ない出血

着床出血	妊娠判明前後に起こる少量の出血で、赤ちゃんへの影響は心配ありません。
おしるし	お産が近づいたときにおりものに少量の血液が混ざることがあります。
腟内からの出血	妊婦に限らず、多くの女性にみられる生理的な症状です。

NG 出血を確認したら入浴は避ける

出血しているときの入浴は、細菌感染を起こす恐れがあります。短時間であってもシャワーや入浴は控えます。入浴を再開するタイミングは、医師の指示に従いましょう。

主な症状 ❷ 出血

妊娠初期の出血は多くの場合心配ありませんが、後期では少量でも注意が必要です。

妊娠12週以降は出血に気づいた時点で産院を受診しましょう！

妊娠後期にかけて注意したいのは、切迫流・早産や胎盤の位置異常などによる出血。少量出血でも受診が必要です。

産院に伝えることチェック

- ☐ サラサラしている、ドロっとしているなど血の状態
- ☐ 鮮やかな赤か、茶色い赤か
- ☐ 出血の量
- ☐ いつ、どこで出血したか
- ☐ その他に症状があるか

出血したらこう対処

清潔なナプキンをあてて産院へ連絡する

出血に気づいたら、清潔な生理用ナプキンをあてながら産院に連絡しましょう。その際、血のようすや色、出血量やほかに症状があるかなどを伝えます。

主な症状 ❸
おなかの張り・痛み

おなか全体がかたくなる状態を「張り」といい、生理的なものと危険なものがあります。

おなかの張りの主な原因

子宮が大きくなる
赤ちゃんが成長したときの生理的な現象です
赤ちゃんが成長して子宮が大きくなると、のびたゴムが縮もうとするように、キュッと収縮します。

絨毛膜羊膜炎（じゅうもうまくようまくえん）
卵膜（らんまく）の感染が原因に
腟から入った細菌が卵膜へと感染すると、炎症物質が産生されて、子宮収縮の原因になることが。

疲労・ストレスによるもの
生活の見直しが必要かも
体の疲労やストレス、下半身の冷えが張りの原因になることも。疲れをためない生活を心がけましょう。

張りは子宮の収縮 感じたらまずは安静に

張りは子宮の筋肉が収縮している状態。まずは横になって休んでください。それでも治まらないならトラブルの可能性があります。

張りや痛みを感じたらこう対処！
動作を中止して横になりようすをみよう
張りや痛みを感じた時点でまずは動作をストップして横になりましょう。その動作が負担になっている場合もあります。安静にしても治らない場合は産院に連絡を。

産院に伝えるためにチェック

- [ ] どれくらい張りが続いているか
- [ ] いつもの張りとの違い
- [ ] 張りや痛みの強さ
- [ ] 1時間に何回くらいの張りがあるか

こんな張りや痛みはすぐに産院へ連絡＆受診

- 動けないほどの痛み
- 出血を伴う張りや痛み
- 息苦しさや動悸（どうき）がある
- 妊娠高血圧症の人

動けないほどの激痛や出血を伴うのは緊急度が高いケース。すぐに産院に連絡、受診してください。

妊娠高血圧症候群は予防と早期発見が大切

初期 → 臨月

体調管理で予防と早期治療を

これだけは！

妊娠後期にあらわれる最も気をつけたいトラブルのひとつが妊娠高血圧症候群。以前は妊娠中毒症と呼ばれていました。主な症状は、高血圧と尿たんぱくがみられること。症状が進むと頭痛やめまい、吐き気や、さらにはけいれん発作が起こることもあります。健診で高血圧や尿たんぱくなどの症状を指摘されたら、塩分を抑えた食事を心がけましょう。たんぱく質も多めにとりましょう。

🚩 妊娠によって血管に負荷がかかり高血圧になる病気
さまざまなトラブルになる恐れも！

どんな症状がある？
母子ともに深刻なトラブルに発展する危険も

高血圧や尿たんぱくがあらわれたら要注意。症状が進むと頭痛や吐き気、さらにはけいれん発作が起こることがあります。ママは脳内出血、赤ちゃんは発育遅延などのリスクも増えます。

どんな病気？
妊娠によって起こる血圧上昇

妊娠で血液量が増加し、血管への負荷が大きくなるために血圧上昇が起こる病気。妊娠20週以降、産後12週までに高血圧だと診断され、全出産数の10％前後で発症しています。

妊娠高血圧症候群になりやすいのはこんな人！

- 高血圧の家系
- はじめての妊娠
- 高年齢
- ストレスが多い
- 過去の妊娠で妊娠高血圧症候群を発症した
- 腎疾患、糖尿病などの持病がある
- 妊娠してから太り過ぎ
- 妊娠前から肥満
- 多胎

家族に高血圧の人がいるママは要注意！

太り過ぎでコレステロール値が高いと高血圧になりやすく、リスクも高まります。母体が出産に慣れていない初産婦も要注意です。

---

check point

- ☐ 原因や症状を確認して、自分の状態と比較してみよう
- ☐ ママと赤ちゃんどちらにも悪影響があることを知ろう
- ☐ 高血圧予防の方法を確認し、できることから実践しよう

発症すると母子にこんな影響が！

母体への影響

妊娠週数が進むと悪化する傾向があります。
頭痛やめまい、吐き気などの他に、重い合併症が起こることも。

子癇（しかん）

血圧上昇時に起こるけいれん発作

けいれん発作のことで、妊娠中や分娩中、産後のどの時期でも発生する可能性があります。意識を失うなど、母子ともにきわめて危険な状態になることもあります。

早産・常位胎盤早期剥離（はくり）

妊娠後期に、おなかが突然強く張ったら要注意

胎盤機能の低下により、赤ちゃんの誕生前に胎盤がはがれてしまう重大トラブルです。生命に関わるケースもあり、すみやかに出産する必要があります。

脳血管障害

CTやMRIなどの検査で早期の発見、治療を

高血圧が重症化すると、脳内出血を起こすことも。脳内出血をうたがう症状があれば検査を行い、出血が見つかったら早急に治療を開始します。

赤ちゃんへの影響

赤ちゃんに十分な血液が流れなくなるので発育の遅れや早産を招いたり、出産時に仮死状態になることもあります。

妊娠高血圧症候群の予防のためにできる 4 つのこと

4 軽い運動と規則正しい生活を

発症リスクにもなる太り過ぎを防ぐためにも適度な運動は大切です。1日30分のウォーキングなどがおすすめです。

3 塩分は1日7g 程度に

塩分の多い食事は高血圧の原因につながります。ただし、極端にとらないのも、血液循環に支障をきたすのでNG です。

2 睡眠をとりストレスを減らす

ストレスや過労も発症リスクのひとつです。仕事をしている妊婦さんも、周囲の協力を得て、心身をリフレッシュさせましょう。

1 妊婦健診は定期的に受ける

早期発見・治療が肝心なため、妊婦健診は定期的に必ず受けましょう。家庭でもできる限り血圧のチェックをしましょう。

血糖値コントロールで妊娠糖尿病を予防

初期 → 臨月

妊娠中は血糖値が下がりにくい

妊娠すると胎盤から何種類ものホルモンが分泌され、血糖値が高くなりやすくなります。そのため普段は尿糖が出るようなことがないような人でも、検出されることがあります。

発症すると母子ともにトラブルが心配されるのはもちろん、出産や母子の産後の健康にまで悪影響をおよぼす可能性があります。

🚩 **妊娠によって体に負担がかかり、血糖値が上がってしまう病気**
難産を引き起こすことも！

尿検査や血液検査でわかる
尿糖が2回連続で出た場合 妊娠糖尿病の疑いあり

毎回の妊婦健診で尿検査を行い、尿糖が検出されないかを調べます。妊娠糖尿病の疑いがある場合はさらに血液検査で血糖値を測定し、確定診断を行います。

どんな病気？
妊娠が終わればほとんどの場合、正常に

胎盤から出たホルモンによりインスリンの働きが妨げられ、糖代謝異常が引き起こされる病気です。妊娠がきっかけなので基本的には出産が終われば治るものです。

妊娠糖尿病になりやすいのはこんな人！

- 妊娠前から肥満
- 妊娠してから体重が増えた
- 高年齢
- ストレスが多い生活
- 家族に糖尿病の人がいる
- 糖代謝異常と診断されたことがある
- 巨大児の出産を経験したことがある

もともと糖尿病の人は？
もともと糖尿病だった場合、赤ちゃんの器官形成期である妊娠初期には特に注意が必要です。早期からの血糖値コントロールが大切です。

血糖値コントロールをしっかりしよう

---

check point

- ☐ 糖尿病になりやすい生活を確認し、自分の生活を見直そう
- ☐ 妊娠糖尿病がママと赤ちゃんにおよぼす影響を知ろう
- ☐ 予防方法をチェックし、生活習慣を整えよう

🚩 発症すると母子にこんな影響が！

母体への影響

重症化すると流産、早産のリスクが増加します。
また、高い確率で妊娠高血圧症候群になる傾向が。

流産や早産になりやすい

妊娠初期は特に血糖値に注意が必要

妊娠3〜7週に母体の血糖値が高い場合、早産流産や体に障害のある赤ちゃんが生まれるリスクが高くなります。

妊娠高血圧症候群につながる

合併症のリスクが大きく高まります

妊娠糖尿病を抱えている場合、高い確率で、妊娠高血圧症候群（→p122へ）になります。

産後に糖尿病になりやすい

産後も再発防止のために定期的に検査を

産後に血糖値はほぼ正常に戻りますが、4割近くが将来糖尿病を再発するという報告も。少なくとも1年に1回は検査を。

赤ちゃんへの影響

赤ちゃんが4000g以上の巨大児になりやすく、難産の恐れも。
赤ちゃんが低血糖を起こし、さまざまな症状が併発することもあります。

巨大児になりやすい

巨大児になると難産の危険性も

血糖値をコントロールするため、赤ちゃんがインスリンを分泌し、発育が促進され、巨大児になりやすくなります。

誕生後に低血糖になることも

ママの血糖値は赤ちゃんに大きく影響する

母体が高血糖だと、赤ちゃんは血糖を正常に保とうとします。結果、生まれてくる赤ちゃんの血糖値が低過ぎる状態になることがあります。

🚩 妊娠糖尿病の予防のためにできる ④つのこと

4 バランスよく食べる

規則正しく1日3食とるように心がけましょう。極度に食事量を増減させたりはせず、栄養バランスよく摂取することが必要です。

3 妊婦健診は定期的に受ける

妊娠糖尿病は自覚症状がありません。早期に発見し、治療するために定期的に妊婦健診を受けるようにしましょう。

2 糖分や脂肪分を控えた食生活

一般の糖尿病と同様に、糖分や脂肪分を控えめにしましょう。同時に妊娠中に必要な栄養はとるようにすることも大切です。

1 適度な運動で体重をコントロール

適度な運動は、妊娠糖尿病予防にも効果的です。筋肉がブドウ糖を消費するので血糖値が下がる傾向にあります。

妊娠中の その他の 気になる症状

妊娠中はおなかが大きくなることによる圧迫やホルモン分泌の乱れで、ちょっとしたトラブルが多くなります。

気になる症状はママの体が変化した証拠！

頻尿・尿もれ

原因と症状
膀胱は子宮の前にあるため、子宮が大きくなると許容量が少なくなり、トイレが近くなりがちに。尿もれしやすい場合は、産後もその症状が残ることがあります。

対処法
妊娠中にはよくある症状ですが、排尿時の痛みや残尿感があるときは膀胱炎の可能性があるので医師の診察を受けてください。

腰の痛み

原因と症状
妊娠で増えるホルモンは骨盤をゆるめる働きがあり、出産のための体の変化が腰痛の原因になります。また、おなかを支えるために姿勢が変化することも一因です。

対処法
対処法は長時間同じ姿勢でいないこと、腰に負担をかけない姿勢をすることなど。マタニティフィットネスなどの、適度な運動も効果があります。

貧血

原因と症状
妊娠中は赤ちゃんの成長のためにママの血液は鉄分不足になりがちで、程度の差はあっても多くの人が貧血になりやすくなります。肌や爪が青白くなったら要注意。

対処法
対策予防には鉄分を食事でとることです。かきやあさりなどの貝類やほうれん草、いわしなど、鉄を多く含む食品をとるようにしましょう。

恥骨の痛み

原因と症状
予定日が近づくと股の上の恥骨結合部分がホルモンの作用でゆるみます。そのため、恥骨や足のつけ根に痛みを感じやすくなります。中期にホルモンが多く分泌され痛むことも。

対処法
予防や緩和には骨盤調整ベルトや、骨盤底筋群を鍛えるストレッチなどの方法があります。ひどいときは痛み止めを処方してもらって。

便秘・痔

原因と症状
妊娠中は大きくなった子宮に圧迫され、便秘になりやすくなります。便秘が続くと切れ痔やいぼ痔ができることも。多くは妊娠中の一時的な症状で、出産後には改善されます。

対処法
適度な運動と繊維の多い食品をとること、朝食をとることなど、自然の排便を心がけることが大切です。改善されないときは医師に相談を。

目のトラブル

原因と症状　妊娠によって増えるホルモンの影響で、目が疲れやすくなったり、充血しやすくなります。視力が落ちたように感じることも。目のかゆみや痛みを伴うときは受診したほうがいいでしょう。

対処法　パソコンや読書をするときは意識的に休憩をとるようにしてください。かゆみや痛みが出たら、妊娠していることを告げて受診します。

めまい・立ちくらみ

原因と症状　おなかの赤ちゃんへ優先的に血液を送るため、脳への血液循環が低下しやすい状態にあります。そのため一時的に血圧が低下し、立ちくらみを起こしやすくなります。

対処法　急に立ち上がったり、長時間立ちっぱなしでいるなど、脳に血液が行き届かなくなる動作は控えましょう。水分を十分にとることが大切です。

鼻のトラブル

原因と症状　妊娠すると普段より鼻が詰まったり、のどが渇いたりといった症状を感じることがありますが、これはホルモンにより粘膜が充血し、腫れやすくなるためです。鼻血が出やすくなる人もいます。

対処法　症状がつらいときは耳鼻科で受診しましょう。冬は特に室内の乾燥に気をつけ、うがいをするなど、風邪予防も重要になります。

むくみ・足がつる

原因と症状　体内の水分と血液のバランスが崩れやすくなり、むくみやすくなります。むくみが増えると血流が滞りがちになり、足がつることもあります。子宮に圧迫されて静脈瘤（じょうみゃくりゅう）ができることも。

対処法　足がつったときはすぐふくらはぎをマッサージしましょう。産後に徐々に改善されます。むくみには着圧ストッキングやソックスもおすすめです。

口・歯のトラブル

原因と症状　ホルモンによる粘膜の充血で、歯ぐきに歯ブラシをあてただけで出血することがあります。歯の周囲に細菌性の炎症があると、子宮に細菌が運ばれ早産の原因になる恐れもあります。

対処法　出血が続く場合は歯ぐきに炎症がある可能性もあるので、歯科で受診するようにしましょう。妊娠中でも麻酔や抜歯を行うことができます。

肌トラブル・妊娠線

原因と症状　妊娠中は新陳代謝が活発になり、湿疹が出やすい状態になります。また、個人差がありますが皮膚が乾燥すると亀裂ができやすくなるため、妊娠線が出やすくなります。

対処法　皮膚がカサカサしてきたら、保湿クリームなどをぬって肌のケアをしっかりしましょう。かゆみがひどい場合は薬を処方してもらいましょう。

この時期に！ 初期 → 中期

正しく知っておきたい 切迫流産と流産

これだけは！医師の指示に従って安静に

妊娠22週より前に赤ちゃんが子宮外に出てしまうことを流産といいます。切迫流産とは、流産がさし迫っている状態のことです。流産は全妊娠の10〜15％とかなり高い割合を占め、珍しいことではありません。

初期流産の原因の多くが受精卵自体の異常であるのに対し、12週以降の後期流産は母体の抱える問題で起こることが多いため、早めに原因を突き止めて治療を行えば流産を防げる可能性もあります。

切迫流産とは？
流産そのものではないのですぐに受診を

流産がさし迫っている状態で、出血や陣痛があり、超音波検診などで赤ちゃんの生存が確認されれば切迫流産と診断されます。

診断されたらどうなる？
安静に過ごすことが大切

かなりの出血であっても赤ちゃんの心拍が確認できれば妊娠を継続できることがほとんどです。医師の指示に従って安静に過ごしましょう。

赤ちゃんが育っていれば妊娠を継続できます！

流産にならないために

ストレスをためない
不安、悩みは家族や友人、医師に相談して早めの解決を。落ち着いた気持ちでリラックスして生活できるようにしましょう。

おなかを冷やさない
冬場はもちろん、夏でも冷房対策は忘れずに。腹帯やソックスはいつでも使えるようこしておなかを冷やさないようにしましょう。

睡眠はしっかりとる
長時間立ち続けたり、家事を頑張り過ぎないように。無理はせず、疲れをためないようにしっかり休むようにしましょう。

check point

- □「切迫流産＝流産」ではないことを理解しておこう
- □ 体と心にストレスがかかる生活をしていないか見直そう
- □ 原因の多くは染色体異常で、ママに責任はないことを理解しよう

こんな症状があったら切迫流産・流産の可能性があります
すぐに病院へ連絡＆受診をしましょう

性器出血

安静にしても治まらないときは受診しましょう

妊娠初期に起こる出血はしばらく安静にして治まれば心配ありません。ただし、出血量が多い、治まらない場合は受診しましょう。

下腹部が痛む

おなかの痛みは個人差があるので要注意

出血とともに下腹部が痛む場合はすぐに受診してください。ただし、痛みは主観的なものなので、出血だけでもまず受診を。

ママの行動が原因でないことがほとんどだよ

妊娠12〜21週
後期流産

子宮内感染症や子宮筋腫、子宮頸管無力症などが原因で起こります。早めに治療を行うことで、流産を防げる可能性もあります。

妊娠12週未満
初期流産

初期流産の多くは受精卵が育たないことが原因です。母体に原因はないことがほとんどなので、自分を責める必要はまったくありません。

🚩 流産とは？

全体の10〜15％で起こります

妊娠21週までに赤ちゃんが子宮外に出てしまうことを流産といいます。妊娠12週までに起こるものを初期流産、それ以降を後期流産とよび、原因は違います。

完全流産

1週間は安静に

流産の際に、胎芽または胎児、胎盤が完全に排出された状態です。流産後1週間は無理をしないようにしましょう。

不全流産

出血などの症状が続く

流産の際に、胎芽または胎児や胎盤が完全に流出されず子宮内に残り、出血などの症状が続いている状態です。

流産の種類

流産の状態により、自覚症状の有無や処置が変わってきます。

化学流産

妊娠が確定する前に起こる

受精はしたものの、着床が続かなかった状態です。妊娠が確定する前に起こるので、流産といわないことがほとんどです。

稽留流産

自覚症状がないので注意

育っていない胎児が子宮外に出ることなく子宮内にとどまっている状態です。出血などの自覚症状はありません。

進行流産

出血や下腹部に強い痛みが

胎芽または胎児や胎盤がまだ排出されていないけれど、流産が進んでいる状態です。出血や痛みなどの自覚症状があります。

中期 → 臨月

パニックにならないために切迫早産と早産を知ろう

これだけは！ 安定期でも無理は禁物

妊娠22〜36週までに起こる出産を早産といいます。早産で生まれた赤ちゃんは体の機能が未成熟でさまざまな問題が起こりやすくなります。また、流産と同じく、早産しかかっている状態を切迫早産といいます。診断されたら適切な治療を受け、できるだけ長く赤ちゃんが子宮の中で育つようにしましょう。

出血や水っぽいおりもの、下腹部の痛みなどがみられたら要注意。判断に迷うときはすぐに受診してください。

早産・切迫早産の原因
- 絨毛膜羊膜炎（じゅうもうまくようまくえん）
- 妊娠高血圧症候群
- 子宮頸管無力症
- 多胎妊娠（たたい）
- 胎盤の位置異常　など

早産・切迫早産の兆候
- 性器出血
- 下腹部痛、おなかの張り
- 前期破水
- 子宮口が開きかけている

主な兆候はおなかの張りや痛み、出血です。おなかの張りが治まらない、出血量が多い、真っ赤な出血がある場合は要注意です。

切迫早産とは？

安静に治療を受ければ妊娠継続は可能

妊娠22週以降におなかの張りや出血、子宮頸管（けいかん）が短くなるなどの症状がみられ、早産しかかっている状態です。治療を受けることで妊娠を続けられます。

安静にすれば妊娠継続できることがほとんど！

check point
- □ 切迫早産は安静にすれば妊娠を継続できることを知ろう
- □ 早産の兆候がみられたら、すぐに医師に連絡して受診しよう
- □ 自宅安静中は無理をせずに、家族に協力してもらって体を休めよう

早産・切迫早産についてのQ&A

Q1 自覚症状がないということもある？

A. おなかの張りや出血などの自覚症状がまったくない場合もあります。健診時の超音波検査で判明するケースもあるので、健診は必ず受けて。

切迫早産と診断されたら **自宅安静** が基本です

早産とは？

未成熟な状態で赤ちゃんが生まれる

妊娠22〜36週に出産してしまうことをいいます。体が未熟な状態で生まれた赤ちゃんは呼吸障害などさまざまな問題が起こりやすくなります。

早産になったら

赤ちゃんの週数に応じて処置を行います

32週未満や1500g未満、先天性疾患があるなどの場合、赤ちゃんは新生児集中治療室（NICU）に入室することになります。

🚩 自宅安静中の過ごし方

行動範囲に個人差があるので、しっかり医師に確認しましょう。家事をしても大丈夫と医師に許可されても、できるだけ家族に協力してもらいます。

セックスは？
大事なとき。パパにも理解を求めましょう

ゆったりと静かに横になって過ごすことが大事なので、セックスは控えましょう。おなかの張りや出血の原因になることもあります。

家事は？
家族と協力してけっして無理はしないこと

基本的に家事はNGと考えてください。座ってできる身のまわりのことを少しする程度に抑え、家族に協力してもらいましょう。

買い物は？
必要なとき以外は極力控えましょう

買い物などの外出は控えるようにしましょう。許可が出た場合でも、近場だけにして、くれぐれも無理はしないように。

食事は？
料理は避けて消化のよいものを

体に負担になるので、なるべく自分で調理するのは避けましょう。おなかを壊さないよう、消化のよいものを食べるようにしましょう。

Q4 自宅安静が終わったらどう過ごす？

A. 安静に過ごすなら常に横になっていなくても大丈夫です。ただし無理は禁物です。少しでも疲れたらすぐに横になって休みましょう。

Q3 入浴はしてもいい？

A. 入浴は体の負担になるので、シャワーだけにしておいたほうがいいでしょう。出血がある場合の入浴は感染の心配もあります。

Q2 どんなときに入院になる？

A. おなかの張りが強い、子宮頸管が短くなっている、子宮口が開いてきている場合は早産予防のために入院治療が必要になります。

> この時期に！
> 初期 → 臨月

妊娠中に起こる トラブル

これだけは！体の変化に敏感に

妊娠中は体の変化によりトラブルが起こりやすいもの。よくある妊娠中のトラブルを知ること、そのサインや症状、予防法、対処法を頭に入れておくことなどに気をつければ、とっさの対応がスムーズにできるようになります。

問題が起こっても自分の責任だと思わず、落ち着いて対処していきましょう。無理せず体を休めることも重要です。

胞状奇胎（ほうじょうきたい）

治療と対処法
診断されたらすぐに手術を受けます。子宮摘出が安全度の高い方法ですが、将来子どもがほしい場合には、子宮内容除去手術を受け、完全除去することになります。

症状
子宮内に水泡状の粒が充満する病気です。初期のうちは正常な妊娠と見分けがつきませんが、つわりが重い、おりものや出血が続くなどの自覚症状が出ることもあります。

❀ 注意したいこと ❀
早期診断と術後の定期検査が重要になります。自己判断で受診をやめないようにします。医師のOKが出たら次の妊娠が可能になります。

異所性妊娠（子宮外妊娠）

治療と対処法
異所性妊娠の手術は着床部分を切除するのが一般的ですが、卵管を温存する手術を行うこともあります。なによりも早期発見が重要になります。

症状
受精卵が卵管や卵巣、腹腔、子宮頸管（けいかん）などの子宮以外のところに着床してしまうこと。異所性妊娠で卵管が破裂すると大量の出血と腹痛でショック状態に陥ることも。

❀ 注意したいこと ❀
異所性妊娠の場合でも、妊娠判定薬では陽性となります。正常な妊娠の場合には妊娠6週には胎のうが確認されるので、きちんと受診して確認しましょう。

132

前期破水

治療と対処法
破水かどうかわからない場合でも、自分だけで判断せずに早めに病院で調べてもらいましょう。なるべく赤ちゃんが母体にとどまれるように治療します。

症状
破水はすぐにわかるほどぬれる場合と、破水なのかおりものなのか、わからない少量の場合があります。破水すると子宮内に感染が進む恐れがあります。

> ❀ 注意したいこと ❀
> 多胎妊娠や羊水過多症の人は破水の可能性が高いため、注意する必要があります。重いものを持つのは控えて、疑いがあればすぐに受診しましょう。

子宮頸管無力症

治療と対処法
子宮口を糸やテープでしばる頸管縫縮術で治療をするため、数日間入院します。そのまま妊娠37週以降の正産期まで持たせて出産を待つことになります。

症状
比較的まれな症状で、妊娠中期におなかの張りがないのに子宮口が開いてしまう病気を子宮頸管無力症といいます。発症すると流産や早産の危険も出てきます。

> ❀ 注意したいこと ❀
> 以前の妊娠で子宮頸管無力症が原因の流産、早産をしている場合には、再発を防ぐために妊娠16週ごろまでに手術を行うことがあります。

血液型不適合妊娠

治療と対処法
ママの血液型がRh（−）の血液型不適合で問題が起こるのは2人目以降の妊娠です。そのため第1子出産後72時間以内に母体にグロブリン注射をし、第2子の出産を安全にできるようにします。

症状
ママの血液型がRh（−）で赤ちゃんがRh（＋）の場合、出産後にRh（＋）の抗体ができます。その抗体により、次の妊娠でRh（＋）の赤ちゃんが重症の貧血になってしまうことがあります。

> ❀ 注意したいこと ❀
> グロブリン注射は出産後の他、妊娠28〜32週のときに行います。

羊水量の過多・過少

治療と対処法
羊水量に異常が見られることは比較的まれなことで、見た目のおなかの大きさでわかるものではありません。自己判断で心配し過ぎないようにしてください。

症状
羊水過多になるとおなかが苦しいなど苦痛を伴う場合があり、羊水を抜く処置をすることも。過少ではへその緒が圧迫され、赤ちゃんが危険な状態になることもあります。

> ❀ 注意したいこと ❀
> 羊水過多の原因には赤ちゃんの羊水を飲みこむ力が弱いこと以外にも、ママの糖尿病があるので、注意が必要です。また、羊水過多は早産を招きやすくなります。

常位胎盤早期剝離

治療と対処法
常位胎盤早期剝離と診断されたらすぐに出産する必要があります。進行すると母子ともに危険な状態になるので少しでも症状がみられたらすぐに受診しましょう。

症状
胎盤がはがれてしまうことを常位胎盤早期剝離といいます。妊娠後期に突然おなかが強く張って、強い痛みを感じたら要注意。流れるような出血が起こることも。

❀ 注意したいこと ❀
胎盤は多少の衝撃でははがれませんが、妊娠高血圧症候群で胎盤の機能が下がると血流が悪くなってはがれることがあります。

予定日超過

治療と対処法
予定日を1週間以上過ぎたころから、分娩を誘発する必要があります。誘発する方法には陣痛促進剤を使う場合や、浣腸、ラミナリア、卵膜剝離などがあります。

症状
出産予定日を2週間以上遅れてお産になることを過期産といいます。過期産になると胎盤機能が低下するため、赤ちゃんの状態が悪くなる心配があります。

❀ 注意したいこと ❀
陣痛促進剤のことを分娩誘発剤ということもありますが、この2つは同じものです。陣痛が来る前と後で、名前を使い分けているだけなので注意しましょう。

前置胎盤

治療と対処法
痛みのない出血がみられたら、多くの場合、入院して安静に過ごすことになります。また、妊娠後期になっても前置胎盤の場合は帝王切開出産となります。

症状
子宮口やその付近に胎盤があることを前置胎盤といいます。前置胎盤は子宮が収縮したときに出血が起こりますが、流産と違いほとんど痛みはありません。

❀ 注意したいこと ❀
胎盤がはがれたあと、子宮からの出血が多く、輸血が必要になることも少なくありません。前置胎盤とわかったら、医師と早めに相談しておきましょう。

胎盤の位置

正常な位置
通常受精卵は子宮体部に着床するため、胎盤は高い位置にあります。

辺縁前置
子宮口に胎盤の下の縁が少しかかっている状態です。

部分前置
子宮口の一部を胎盤がふさいでいる状態です。

全前置
胎盤が完全に子宮口をふさいでしまっている状態。

持病がある場合の妊娠

慢性の病気を持っている人は、妊娠してもよいかどうか治療を受けている医師に相談しましょう。

それ以外の病気

高血圧
妊娠によって悪化し、ママと赤ちゃんの状態が危険になることもあります。妊娠中も内服できる降圧薬で血圧を正常にしてから妊娠するようにしましょう。

腎疾患
妊娠では腎臓に負担がかかります。腎臓病のある人は主治医と相談し、厳密な指導のもとに妊娠、出産に臨みましょう。

糖尿病
赤ちゃんの奇形や流産、早産、羊水過多などを招くことも。医師のアドバイスにしたがってきちんと体調を管理して妊娠しましょう。

甲状腺機能障害
流産や早産の原因になり、場合によっては妊娠高血圧症候群を起こしやすくなるので、あらかじめ医師に相談し、治療しましょう。

自己免疫性疾患
早期発見、治療が必要です。流産をくり返す、2人目の赤ちゃんができない場合に、検査で見つかることも少なくありません。

婦人科系の病気

婦人科系の病気は、年齢にかかわらずかかってしまうものがほとんどです。

子宮筋腫
子宮にできる良性の腫瘍で、位置や数によっては流産、早産になりやすい傾向が。産道をふさぐ位置にあると帝王切開になります。

子宮腺筋症
子宮内膜が子宮の筋肉に入り込み、子宮が腫大します。妊娠しにくく、また、妊娠しても流産しやすいという特徴があります。

子宮頸がん
初期の段階で発見できれば円錐切除で妊娠継続も可能ですが、進行状態によっては赤ちゃんとともに子宮摘出が必要になることも。

子宮頸部円錐切除後
子宮頸がんをこの処置で治癒できた場合は、妊娠が可能です。しかし、早産になりやすくなる傾向があるので注意が必要です。

子宮内膜症
子宮内膜症は不妊症の大きな原因になります。早期に治療すればそれだけ妊娠の可能性も上がるので、すぐに受診しましょう。

卵巣のう腫
大きさや痛みによっては、流産が起こりにくくなった妊娠3〜4カ月に手術を行うことがあります。

医師の指導をしっかり受けて備えよう!

この時期に!

初期 → 臨月

妊娠中は特に気をつけて感染症予防をしよう

これだけは!
予防の徹底が重要です

ウイルスや細菌などの病原体が原因となって起こる病気を感染症といいます。人から人へうつるものもありますが、ペットなどの動物や食べ物などから感染する場合もあります。

感染症は妊娠中でも遠慮なくやってきます。感染は赤ちゃんに影響を与えるものもあります。**ママだけでなく家族全員で清潔を心がけ、予防をしっかり行いましょう。**

妊娠中の感染症は赤ちゃんに影響することも!

おなかの中に赤ちゃんがいる状態でママが感染すると、ママの症状は軽いのに、おなかの赤ちゃんに感染して重症化する場合があります。妊娠中の感染症は十分な治療が必要になります。

垂直感染
ママを通じて病原体が赤ちゃんに感染してしまうことを垂直感染といいます。母子感染ともよばれ、十分な注意が必要です。

主な感染経路

飛沫感染・空気感染
知らない間にうつってしまう恐れがあります。人ごみや子どもの多い場所は避けるようにしましょう。

接触感染
セックスなどで感染する性感染症は、注意が必要なものが多くあります。赤ちゃんへの影響を知っておくことが大切です。

家族みんなで感染予防を徹底しよう!

check point

- ☐ 感染経路を確認して対策を考えよう
- ☐ 手洗い、うがい、外出時のマスクなど、基本的な感染予防を徹底しよう
- ☐ それぞれの病気について正しい知識を持とう

🚩 妊娠中は感染症予防を習慣に

手洗い、うがいなどに加え、人ごみを避ける、セックスでは
コンドームを使うなどいくつかのポイントがあります。

2 人ごみではマスクを着用
飛沫感染予防のためにできるだけ人ごみは避けたいですが、どうしても出かける必要があるときは、マスクを必ずつけるようにしましょう。

1 帰宅時は手洗いとうがいを
手洗いとうがいで感染を完全に防ぐことはできませんが、感染しても発症しにくくなる可能性があります。ママだけでなく家族全員で徹底して。

4 休養をとり疲労をためない
疲れがたまると免疫力が低下します。睡眠をしっかりとり、ストレスをためない規則正しい生活を送りましょう。体調管理は感染予防の基本になります。

3 セックスではコンドームを使用
性感染症は妊娠に影響を与えるものが多くあります。パパにもコンドーム使用の重要性を説明し、協力してもらいましょう。妊娠中は清潔が第一です。

🚩 最もかかりやすいから要注意！
風邪・インフルエンザ

日本では毎年流行するので予防が必須です

妊娠中は風邪やインフルエンザにかかると悪化しやすく、長引きやすいといわれています。もし感染したら早めに受診し、少しでも早く治しましょう。

主な症状
- 発熱
- 発疹
- 紅斑（こうはん）
- 食欲不振

どんな影響がある？
赤ちゃんへの影響はそれほど大きくありませんが、強いせきや高熱が出た場合、赤ちゃんが低酸素状態になったり、切迫流産・早産の原因になることがあります。

治療法は？
感染したら早めに受診しましょう。抗ウイルス薬には効果が認められています。薬の副作用は完全には否定できませんが、長びかせないことのほうが重要です。

インフルエンザの予防接種を
卵アレルギーがない場合、インフルエンザの予防接種を必ず受けましょう。重症化すると妊娠へのリスクが増加します。

2章 ● 妊娠中のトラブルと検査

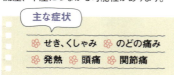

麻疹（はしか）
感染者には近づかない！

感染力が強いので発症後5日間は要注意
麻疹ウイルスの感染による病気です。感染力が強いため、周囲にかかっている人がいたら発症後5日間は近づかないようにしましょう。流産、早産につながる可能性があります。

主な症状
- せき、くしゃみ
- のどの痛み
- 発熱
- 頭痛
- 関節痛

どんな影響がある？
赤ちゃんの奇形の心配はありませんが、子宮収縮を起こしやすくなり流産、早産の可能性が高くなるといわれます。

治療法は？
特効薬はないため、安静にして過ごしましょう。十分に体を休めることで回復を待つことになります。

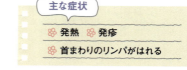

風疹（ふうしん）
年によって大流行することも

妊娠初期には特に注意しましょう
三日ばしかと呼ばれるウイルス感染症。大人がかかると症状が重くなることも。特に妊娠初期に感染すると赤ちゃんに影響する心配があるので、感染予防を徹底しましょう。

主な症状
- 発熱
- 発疹
- 首まわりのリンパがはれる

どんな影響がある？
妊娠20週までに感染した場合、赤ちゃんに心臓疾患や白内障、難聴などの影響が出る可能性も。20週以降の感染なら、影響する心配はほとんどありません。

治療法は？
現状では有効な治療薬はありません。発症したら治まるまでは安静にし、養生を心がけましょう。感染が疑われたら、まずは電話で医師に相談を。

流行性耳下腺炎（おたふくかぜ）
妊娠初期には要注意！

妊娠初期にかかると流産の恐れも
ムンプスウイルスの感染による病気です。頬がおたふくのようにみえるのが特徴です。周囲で流行している場合、症状が似ているため風邪の症状がみられたら医師に相談を。

主な症状
- 発熱
- 体がだるい
- 筋肉痛
- 耳下腺がはれる

どんな影響がある？
若干ですが、流産を引き起こす可能性があります。また、出産直前に感染した場合、赤ちゃんに呼吸障害などの影響が出ることも。

治療法は？
おたふくかぜそのものに対する治療法はありません。症状の緩和で対処することになるので、予防を徹底しましょう。

予防接種を受けているかを確認しましょう
風疹にかからない最もよい方法は、妊娠する前に風疹の抗体検査をしておくことです。検査の結果、免疫がない場合は、産後にワクチン接種を受けましょう。

伝染性紅斑（りんご病） — 初期〜中期には要注意！

子どもにかかりやすい病気 上の子がいる場合は要注意

パルボウイルスに感染して起こります。幼児がかかりやすいので、上の子からママにうつる心配があります。特に妊娠20週までの感染は子宮内胎児死亡を起こす恐れも。

主な症状
- 発熱　　関節痛
- 紅斑

どんな影響がある？
重症では流産、早産を引き起こす恐れがあり、20週未満で約3分の1の赤ちゃんに影響をおよぼし、胎児水腫や子宮内胎児死亡となる可能性があります。

治療法は？
治療薬はありません。安静に過ごすことで十分に体を休め、回復を待ちましょう。とにかく予防が第一になります。

上の子、または家族がかかったらどうすればいい？　教えて！

免疫がない人は、発症後約10日間は近づかないようにする必要があります。看病や世話はほかの家族に頼むなど協力してもらいましょう。

流行の時期はなるべく外出を控えよう

水痘（水ぼうそう） — 感染者との接触は控えて

ほとんどのママに抗体はある

全身に水痘性の発疹ができます。妊娠中の感染では重症化しやすく赤ちゃんに影響する可能性も。ほとんどのママに抗体があるといわれますが、感染者との接触は禁物です。

主な症状
- 発熱　　発疹
- 水ぶくれ　　食欲不振

どんな影響がある？
ママは合併症で肺炎になることもあります。おなかの赤ちゃんも感染・発症して、発疹のあとが残る、脳や目に異常が出る心配も。

治療法は？
妊娠の状態と症状によっては抗ウイルス薬の投与や、入院して治療を行うことも。赤ちゃんに感染したときは産後すぐに抗ウイルス薬を投与します。

難聴などの障害が起こることも
サイトメガロウイルス

妊娠中にはじめて感染した場合は、赤ちゃんに影響する恐れがあります。感染者の唾液や尿を触るなどさまざまなルートでうつるので、注意を。

| 主な症状 | 発熱　頭痛　関節痛 |

どんな影響がある？
赤ちゃんの脳が発達している段階でママが初感染すると、ごくまれに小頭症や難聴などの症状が出る例もあります。

治療法は？
症状があっても軽く、1週間ほどで完治するので、治療薬は特にはありません。

パパに症状が出たら要注意！
淋病（りんびょう）

コンドーム不使用での性交渉などが原因で感染します。抗生物質で完治しますが、放置すると不妊症の原因になることもあります。

| 主な症状 | おりものの増加　発熱　頭痛　関節痛 |

どんな影響がある？
悪化すると破水や早産を引き起こすこともあります。赤ちゃんが感染してしまうと結膜炎を起こす心配があります。

治療法は？
抗生物質を注射するか、1〜2週間ほど服用すれば完治します。

先天性梅毒の原因に
梅毒（ばいどく）

感染力が強く、性行為でうつります。赤ちゃんに胎内感染する恐れもありますが、すぐに治療を受ければ大丈夫です。

| 主な症状 | のどの痛み　発熱　頭痛　関節痛 |

どんな影響がある？
赤ちゃんが胎内感染すると骨や歯に問題が生じるなどの影響が。妊娠初期に治療すれば影響はほぼなくなります。

治療法は？
ペニシリン系の抗生物質が処方されます。早期発見、治療が大事です。

後遺症が残ることも
性器ヘルペス

産道感染すると赤ちゃんに重大な影響が

セックスで感染し、分娩時に赤ちゃんに感染すると重い症状を引き起こす病気です。免疫力が低下した際に再発することもあるので、注意が必要です。

| 主な症状 | 外陰の痛み　水疱　発熱　かいよう　関節痛 |

どんな影響がある？
赤ちゃんに感染すると高熱のために口から栄養をとれなくなったり、脳炎などの深刻な状態になることもあります。

治療法は？
抗ウイルス薬の軟こうを1〜2週間ほどぬることで治療します。内服薬や注射を行う場合もあります。

はじめての感染は注意して
トキソプラズマ感染症

ペットと接した後の手洗いは徹底しましょう

犬や猫、鶏に寄生している原虫がふんや生肉を通して人に感染します。妊娠初期に感染すると赤ちゃんに障害が起こったり流産の原因になることもあります。

| 主な症状 | 発熱　体がだるい　筋肉痛　耳下腺がはれる |

どんな影響がある？
妊娠中にはじめて感染した場合にだけ、赤ちゃんに影響する恐れがあり、発達の遅れ、視力障害などが起こる可能性があります。

治療法は？
抗ウイルス薬などを投与し、出産までに治療します。手洗いをしっかりして予防すれば、ペットを手放す必要はありません。

産道での母子感染に注意
エイズ

HIVの感染で起こります。複数の相手との性行為を避け、予防を心がければ日常生活で感染する心配はありません。

🌸 せき、くしゃみ 🌸 のどの痛み
🌸 発熱 🌸 頭痛 🌸 関節痛

感染予防のため帝王切開でのお産になります。妊娠により母体の発病や進行が早まる傾向があり、妊娠継続が可能か検討されることもあります。

確実な治療法はありませんが、抗エイズ薬で垂直感染（母子感染）率を減少させることが可能です。

赤ちゃんに重大な影響をおよぼすことも
B型溶連菌（GBS）

腟内の常在菌のひとつで、通常は悪さをしませんが、赤ちゃんに感染すると、ごくまれに重い症状を引き起こします。

🌸 おりものの増加

分娩時に赤ちゃんに感染すると肺炎や敗血症、髄膜炎などを発症し、危険な状態になることが。生後7日以降の発症では、障害が出る可能性も。

分娩時に抗生物質を点滴投与し、垂直感染（母子感染）を予防します。

おりものに異常が出たら要注意！
カンジダ腟炎

妊娠中は常在菌のカンジダ菌が増殖しやすくなるため、腟炎を発症する人が多くなります。悪化するとかゆみが強くなります。

🌸 カッテージチーズ様のおりもの
🌸 外陰部のかゆみ

分娩時に赤ちゃんが感染すると、鵞口瘡という口内炎ができ、母乳やミルクが飲みにくくなることがあります。

抗真菌薬の腟坐薬と外陰部にぬるクリームを、1～2週間ほど使用します。

不妊や異所性妊娠の原因に
クラミジア感染症

コンドームの不使用が原因の感染症です。ママが無症状でもパートナーに自覚症状がある場合は、いっしょに受診しましょう。

🌸 腹痛 🌸 のどの痛み
🌸 おりものの増加

炎症が卵膜にまでおよぶと早産の恐れがあります。赤ちゃんが感染すると、結膜炎や肺炎を起こす心配があります。

赤ちゃんに影響しない抗生物質を服用し、出産までに確実に治しましょう。

妊娠初期の検査を必ず受けて
B型肝炎

キャリアーのママから生まれた赤ちゃんは定期的な予防措置が必要になります。ママも病気の発症を予防していきましょう。

🌸 発熱 🌸 頭痛 🌸 関節痛

ママがキャリアーの場合、赤ちゃんは出産直後に検査を受け感染予防をし、キャリアーになるのを防ぎます。

現在は抗ウイルス剤がないため、肝臓を守る薬の投与などで対症療法を行います。

血液を経由して感染します
C型肝炎

キャリアーは慢性肝炎から肝臓がんに移行する可能性がありますが、型によっては治療薬が有効なケースもあります。

🌸 発熱 🌸 頭痛 🌸 関節痛

母子感染は約5％に起こるといわれています。そのうち約半数は将来的には治る一過性感染で、残りの半数は、その後も感染状態が続きます。

妊娠中の肝炎への特効薬はまだありません。慢性肝炎などの治療は妊娠していないときに行います。

中期 → 臨月
ほとんどは心配なし さかごの不安を解消

通常赤ちゃんは頭を下にした状態でいますが、頭を上にしている場合があり、これをさかごといいます。さかごになっても、**一部のなおりにくいケースを除き、ほとんどが正常に戻ります。**

特に妊娠中期ごろのさかごは一時的なことと考えて大丈夫。本当になおりにくい時期は妊娠32週以降で、最終的にさかごのままお産になるのは全体の3％ほどです。

> これだけは！
> さかごの診断でもあわてないで

「さかご」でも32週以降になおるケースがほとんど

さかごの種類

さかごの姿勢はさまざまで、下記のパターン以外にも、あお向けで寝ているような姿勢のものもみられます。

ぜんしつ　全膝位
立てひざをついているような姿勢。帝王切開が安全です。

ぜんそく　全足位
両足をのばして立っている状態です。帝王切開が安全です。

たんでん　単殿位
おしりを子宮口に向け、両足が上がっている姿勢。

ふくでん　複殿位
おしりを子宮口に向け、ひざを曲げている姿勢。

さかごと診断されたら…
赤ちゃんの週数に応じて処置を行います

妊娠中期ごろまでのさかごは自然になおることが多いです。妊娠34週ごろから帝王切開を検討します。

赤ちゃんが動き回る間は心配しないで！

check point
- [ ] さかごについての正しい知識を持ってあわてないようにしよう
- [ ] さかごに対してのギモンを解決してリラックスしよう
- [ ] なおらなかった場合の対処法を知っておこう

教えて！ さかごの悩み解決

さかごへの対処法は何より、ママが不安を解消しリラックスすることが大切です。

さかごがなおらなかったら帝王切開を検討します

経腟分娩で発生しやすい難産やトラブルを未然に防ぐため、帝王切開になることが多くなります。妊娠34週ごろから検討し、実際に手術を行うのは37～38週になります。

何が原因でさかごになる？
原因は不明ですが、考えられる要因としては、胎盤が低い位置にある、赤ちゃんが小さめ、羊水量が多めなどが考えられます。

なぜさかごの出産は難しいの？
さかごのままお産を行うと一番大きい頭が最後に出ることで、難産やへその緒が圧迫されたりするなどトラブルの危険性があります。

なおりにくいケースとは？
さかごになる原因は不明ですが、前置胎盤であったり子宮筋腫がある、へその緒が巻きついている場合などはなおりにくいといわれます。

どんなことに注意すればいいの？
破水予防のため、おなかの張りに注意。さかごの場合、破水すると羊水が一気に放出し、へその緒が先に出て赤ちゃんが圧迫される恐れがあります。

さかごをなおすにはリラックスすることが大切！

子宮の筋肉を緊張させない生活を

赤ちゃんに頭を下にした姿勢になってもらうには、動きやすい子宮内の環境が大事です。ママ自身がリラックスしましょう。

胸膝位になるのがおすすめ

ひざと胸を床に押しつけ、お尻を高く持ち上げる姿勢を保ちます。「さかご体操」とよばれ、よく知られています。おなかが張りやすくなることがあるので、気をつけて行いましょう。

医師や助産師によって行われることも！

Key Word
外回転術（がいかいてんじゅつ）

おなかの外から手で回転させる

医師または助産師が妊婦のおなかの上から手で赤ちゃんの向きを変える方法です。技術が必要なため、できる施設は限られます。

> この時期に！

中期 → 臨月
出産時に起こるトラブル

どんなママにも可能性はある

どれだけしっかり体調を管理していても、自分の行動以外が原因で起こるトラブルもあります。「自分は大丈夫」と思わずに、誰にでも起こることとして知識をつけておきましょう。

これだけは！

トラブルが起こったときは、自分を責めたり、あわてたりせずに、医師の指示に従って冷静に対処することが重要です。

陣痛が強過ぎる

赤ちゃんにも負担がかかり状態が悪化することも

子宮口の開き具合のわりに陣痛が強過ぎると、子宮にも赤ちゃんにも負担がかかりすぎて心配です。主に陣痛促進剤を過剰に使用した場合や、産道の抵抗が強過ぎる場合などに起こる可能性があります。

対処法

急激に強い陣痛がきたら、すぐスタッフに知らせましょう。子宮破裂の危険や赤ちゃんが弱っている恐れがあると帝王切開に切り替えることもあります。

陣痛が弱い

子宮口が開かずお産が進まない原因にも

陣痛は通常ならだんだん強くなり、子宮口を開かせ、赤ちゃんを押し出していくのですが、弱いままだとお産が進みません。これを微弱陣痛とよびます。

対処法

歩いたり階段の上り下りをすると、陣痛を促すことがあります。また、乳頭を刺激したり、浣腸をすると陣痛が促進する効果があります。

トラブル ❸ 子宮がなかなか開かない

医師が内診して指で開く場合もあります

子宮はお産とともに開き始め、赤ちゃんが通れるだけの広さになります。この時点を子宮口が全開大したといいます。ところが陣痛が弱かったり子宮口自体がかたいと、子宮口が開きにくいことがあります。

対処法

陣痛に勢いをつけるようにし、赤ちゃんを後押しして子宮口を開くのが効果的な方法です。ママがあぐらをかいたり、両足を開いてしゃがむのもいいでしょう。

トラブル ❹ 骨産道が狭い

事前にサイズをはかり出産方法を検討します

赤ちゃんの頭の大きさとのバランスで決まり、通り抜けるのが難しい状態を児童骨盤不均衡といいます。必要であればレントゲン撮影を行い、骨盤と頭のサイズとのバランスをみて医師と相談することになります。

対処法

お産の途中でも改めて骨盤と赤ちゃんの頭の計測をします。そのバランスを見た結果、経腟分娩が困難だと判断されれば帝王切開に切り替えることになります。

トラブル ❺ 会陰部ののびがよくない

太り過ぎや初産ではのびにくいことがあります

赤ちゃんの頭が出てくるという段階で、会陰部ののびがよくないためにお産が進まなくなってしまうことがあります。強くいきんで無理をすれば、会陰裂傷を起こしてしまうこともあります。

対処法

助産師さんが手指を使って会陰部ののびを補助します。しかしお産が長引くと危険な場合、会陰部の一部を切開することもあるので、医師と話し合っておくといいでしょう。

トラブル ❻ 軟産道がかたい

ママの緊張が原因のこともリラックスして

軟産道の筋肉に柔軟性があれば出産はスムーズに進みますが、かたいとなかなか進めなくなってしまいます。原因は、軟産道がかたい軟産道強靭という体質もありますが、ママの緊張も大きく影響します。

対処法

できるだけ力を抜いてリラックスすることが軟産道をやわらかくするためには大切です。なかなか緊張がとれない場合は麻酔分娩に切り替えることも。

出血が多い

出産後すぐに"止血させる処置"が必要になります

出産には必ず出血を伴うものですが、出産後に出血が止まらず500mℓ以上になると異常出血とされ、1000mℓを超えると輸血の準備が必要になります。子宮が収縮しない弛緩（しかん）出血が最も多い原因です。会陰部や腟裂傷（えいん）が大きい場合も出血が多くなります。

対処法

原因にかかわらず出血が多い場合、DICという、出血が止まらなくなる状態になる恐れがあり危険です。大出血が予想された時点で薬剤の投与を開始します。

胎盤が出てこない

癒着（ゆちゃく）の度合いでは大出血の心配もあります

胎盤は通常、赤ちゃん誕生後10〜20分で自然に子宮からはがれ出てくるものですが、まれに出てこないことがあります。子宮壁に付着、または癒着していることや子宮口が閉じてしまったことが原因です。

対処法

おなかをマッサージし、それでも出てこない場合は医師が手を入れてはがします。子宮口が閉じてしまったときはまた開かせるために麻酔薬を使って子宮口を開き、処置します。

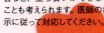

Q1
トラブルがあった場合は立会い出産はできませんか？

A. 緊急措置が必要になる場合など、立ち会いができないことも考えられます。医師の指示に従って対応してください。

Q2
トラブルによって子どもに障害が残るケースもありますか？

A. トラブルの内容によっては赤ちゃんに障害が残ることも考えられますが、出産後に病院で検査を行い、しっかりと対処していきます。

Q3
産後すぐに転院が必要になることもある？

A. 赤ちゃんが未熟児で新生児集中治療室（NICU）のある病院でないといけない場合など、転院が必要になるケースもあります。

Q4 医療処置について知りたい
→ くわしくは 166 ページへ

Q5 帝王切開になるケースについて知りたい
→ くわしくは 168 ページへ

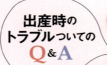

赤ちゃん側のトラブル

赤ちゃんの問題でお産にブレーキがかかることも。
それぞれに打開策が用意されています。

トラブル ❷ 低出生体重児

**自分の力で生きていける
まで保育器でようすをみる**

2500g未満で生まれた赤ちゃんを低出生体重児といいます。体温調整機能が未熟なために温度変化に弱かったり、呼吸がうまくできなかったり、感染症にかかりやすかったりすることが多くなります。

対処法

しばらくは保育器の中で治療を受け、自分の力で生きていけるようになるまでようすをみます。病院の設備によっては転院が必要なこともあります。

トラブル ❶ 回旋異常（かいせん）

**状況によっては
分娩方法を変えて対応**

赤ちゃんはお産のとき、骨産道の形に合わせて頭の向きを変えて進みます。しかしその動きがうまくいかないことがあり、お産の進行が止まる原因になります。分娩方法を変える必要がでてきます。

対処法

しばらくようすをみます。最後に出てくるときの向きが違うためにストップした場合、吸引分娩や鉗子分娩（→P167へ）にします。状況によっては帝王切開になることも。

トラブル ❹ 胎児心拍数の低下

**緊急時には帝王切開に
切り替える場合も**

陣痛がきているときは子宮が収縮するため送られてくる酸素が減少します。この周期的にやってくる低酸素状態に赤ちゃんが耐える力がないと、心拍数が低下し、弱ってしまうことがあります。

対処法

ママに酸素マスクをつけてもらうこともありますが、深呼吸をするだけでも効果はあります。赤ちゃんの状況によっては帝王切開に切り替えることもあります。

トラブル ❸ 産後すぐに泣かない

**低酸素状態になる
危険性が**

赤ちゃんが生まれてすぐに泣くことは呼吸がスムーズに開始したことの証拠になるので大変重要です。短い時間でも呼吸を開始しないでいると、低酸素状態になってしまい、危険です。

対処法

まだ気道に羊水が残っている場合は羊水を吸い取ります。それでも泣かない場合は緊急に人工呼吸器をつけて蘇生にあたることもあります。

妊娠初期

重要な臓器がつくられるころで、流産に注意が必要です。おりものの異常や出血があったら、すぐ受診しましょう。

異所性妊娠かもしれません

妊娠週数の勘違いかも

妊娠判定検査で陽性が出たのに赤ちゃんが確認できない場合、異所性妊娠の可能性が。ただし妊娠数週を間違えているケースも多いです。

尿ケトンが出ているようですね

点滴などの治療が必要になります

脱水や栄養不足で体内の機能が低下していると出るのが尿ケトン。つわりが重症である証拠なので、点滴などの治療が必要になります。

赤ちゃんの心拍はまだ確認できませんね

妊娠6週まではあわてずに

赤ちゃんの心拍が確認できるのは妊娠6～7週ごろがほとんどです。逆にそれ以降でも確認できない場合は、流産の可能性があります。

風疹の抗体が少ないですね

妊娠初期の感染に注意しましょう

妊娠20週未満の時期に風疹にかかってしまうと赤ちゃんに影響する恐れがあります。感染に十分注意が必要です。

医師から言われた気になる言葉

どういうこと？ それって大丈夫？

医師の使用する専門用語や特有の言い回しが気になったことはありませんか？ 少しでも理解して不安をなくしましょう。

妊娠後期以降

ようすをみてもいいこと、緊急に対応しなければいけないことを知っておきましょう。

子宮口が開いてきてますね

子宮頸管無力症の疑いも

子宮口が閉じていない時期に開いてしまうのが子宮頸管無力症や切迫早産。早産予防のために安静を徹底しましょう。

赤ちゃんが下りてきてますね

早産になる可能性も安静にしましょう

医師から赤ちゃんが下りてきていると言われたら、外出などの無理は控え、安静にしましょう。無理に動くと早産になることもあります。

前駆陣痛がきてますね

陣痛の予行練習出産の間近のサインです

陣痛のような張りや痛みがきても、途中で遠のいたり不規則であれば前駆陣痛です。不安な場合は産院に連絡しましょう。

ノンストレステストをしてみましょう

赤ちゃんのようすを観察する検査です

分娩監視装置の端子をおなかにつけ、40分程度赤ちゃんの動きや心拍数、ママの子宮収縮のようすを調べる検査のことです。

妊娠中期

最もトラブルが少なく安定する時期ですが、早産には注意が必要です。

赤ちゃんが小さめ（大きめ）です

個人差の範囲内なら問題はありません

いずれも、標準の範囲内なら個人差で、問題ない場合がほとんどです。発育に極端な異常があれば、医師から説明があるはずです。

子宮頸管が短いですね

早産予防のため、安静を心がけて

妊娠中期から、頸管が短くなると早産の心配があります。早産を防ぐために安静を心がけてください。

赤ちゃんがさかごのようですね

この時期のさかごはほぼ問題ありません

ほぼ半数の赤ちゃんがさかごになっている時期です。くるくる自由に動き回っているので、たまたまそのときがさかごだった可能性もあります。

羊水が少ないのが気になります

羊水が産生されにくくなっているのかもしれません

何らかの理由で羊水が産生されにくい状態かもしれません。羊水が少ないとへその緒が圧迫され赤ちゃんが危険な場合もあるので、医師にくわしく話を聞きましょう。

妊娠中だからこそ知っておきたい
乳がんについて

妊娠・出産を機に、胸は大きな変化があります。
この時期に乳がんが発見されるということも。
妊娠しているからと検査を避けるかもしれませんが、受けておくと安心です。

産後になりやすいの?

個人差はありますが注意は必要

妊娠中から授乳の時期は女性ホルモンの影響で乳腺が発達し、負荷がかかります。だからといって乳がんの直接的な影響はありませんが、体が大きく変化する時期なうえに育児等で体が疲れやすいので、引き続き、乳がんの知識を深め、健診を受けたほうがよいでしょう。

妊娠中でも検査を受けていいの?

セルフチェックで早期発見を

乳がんは年齢とともにリスクが高まります。特に35歳以上の高年齢で妊娠した場合、妊娠時と乳がん発見が重なるということもありえます。妊娠中だからと避けずに、胸を触ってみてしこりがないかセルフチェックをしたり、病院で検査を受けることをおすすめします。

乳がんってどんな病気?

乳腺(にゅうせん)から発生するがんのことです

乳腺は、乳頭から乳房にかけて、15～20の放射状にわかれ、管でつながっています。乳がんはこの乳腺にできるがんで、年々発症率が増加傾向にあり、女性にとって気をつけたい病気のひとつです。遺伝によって発症することもあることが知られています。

乳がん検診の検査内容

専門医による触診のほかに、マンモグラフィ、エコーの検診が一般的です。

マンモグラフィ

乳房を圧迫しながらX線で撮影し、触診ではわからないほどの小さなしこりを発見します。妊娠中はX線は使えないので、医師に伝えて。

超音波検査(エコー)

乳房に超音波をあて、しこりがあるかを確認します。X線は使わないので、妊娠中でも安心して検査を受けられます。

3章

いよいよ赤ちゃんに会える！

出産の流れ

出産のサインから、赤ちゃん誕生までの流れについて、妊娠中にイメージをつかんでおきましょう。出産はママだけでなく、赤ちゃんにも大仕事。出会うために、いっしょに頑張りましょう。

中期 → 臨月

お産の流れを知って本番に備えよう

この時期に!

これだけは！ 陣痛がきても落ち着いた対応を

特に初産のママは、突然陣痛がきてお産が始まると、あせってしまいがち。しかし、すぐに赤ちゃんが生まれるわけではないので、あせらずに落ち着いて行動しましょう。

また、どのようなお産にしたいのかを、あらかじめパパや他の家族、病院と話し合っておくことも大切です。パパに立ち会ってほしいのか、どんなお産方法で産むのかなど、バースプラン（→P114）としてまわりに伝えておきましょう。

1 おしるし、または前駆陣痛などのサインがある
→ 156 ページへ

START

お産の流れをイメージしよう

お産の流れをイメージしておけば、いざ陣痛が始まっても、落ち着いて行動できます。安心なお産にするため、流れを確認しましょう。

子宮口 0～1cm

陣痛
少量の出血である「おしるし」や、不定期な陣痛「前駆陣痛」があれば、お産開始直前です。

赤ちゃんのようす

ママがすること
入院グッズを確認しパパへ連絡をしておく
再度入院グッズを確認し、必要なものがあればパパに連絡しておきます。また、入院したときの連絡方法も再度確認をします。

お産にかかる時間は？

初産なら 約10～15時間
陣痛が始まってから、子宮口全開大までが10～12時間、さらに分娩室に入ってから出産まで2～3時間が目安です。

経産なら 約4～6時間
初産の約半分である4～5時間で子宮口全開大になります。分娩室に入ってからは、約1時間で出産です。

check point

- □ お産のサインがあったら、再度入院グッズなどを確認しよう
- □ お産の流れを知り、陣痛が始まってもあせらずに行動しよう
- □ 助産師さんから合図があったら、いきみ始めると覚えておこう

152

お産の流れについての Q&A

Q3 産院に行くタイミングは?
A. 陣痛が規則的な間隔でくるようになったら、産院に連絡をして、指示をあおぎます。車で向かう場合でも、自分では運転しないように。

Q2 初産ではどれくらい時間がかかるの?
A. 初産の場合、陣痛が始まってから出産まで10〜15時間かかります。陣痛が始まっても、あせらず、落ち着いた行動を心がけましょう。

Q1 陣痛中はずっと痛いの?
A. 陣痛はずっと続くわけではありません。お産が始まると陣痛は、ある一定の間隔で規則的に訪れます。陣痛と陣痛との間に痛みはありません。

いよいよお産が本格的に始まるよ!

2 陣痛の間隔が10分になったら病院へ連絡

2〜3cm

陣痛の間隔 約10分

陣痛
不定期な痛みから、規則的な間隔で痛みがくるようになったらお産が始まった合図です。

赤ちゃんは約4回転して出てくる
赤ちゃんは、回転しながらママの産道を下ります。その数は約4回。最後は外に出てきやすいように、ママの背に顔を向けた体勢になります。

だんだんと子宮口がやわらかくなり、赤ちゃんが出てくる準備が始まります。

赤ちゃんは頭を真にして子宮に入っいますが、お産近づくと徐々にめ向きになります

破水の場合はすぐに産院へ
Point
破水した場合は、すぐに産院に連絡を。破水すると、膣から細菌が入り感染症になってしまう恐れがあるので適切な処理が必要です。

陣痛の間隔をはかって記録をつけよう
お産が始まる兆候を感じたら、陣痛の間隔を記録しましょう。陣痛が一定の間隔でくるようになったらお産のスタートです。

Q4
立ち会い出産
パパはいつ手伝う？

A. 分娩中はママに声をかけてサポートしましょう。分娩前であれば、スタッフといっしょに腹圧をかけるなどの手伝いをします。

お産の流れ
についての
Q&A

| 4 陣痛が強くなり、いきみたくなる → 158ページへ | 3 産院へ到着 検査を受ける |

| 7〜9cm | ← | 4〜6cm | ← | 2〜3cm | 子宮口 |

陣痛

  2〜3分 間隔　　　3〜5分 間隔

回転しながら下がってくる

あごを引いて体を小さくしながら、徐々にお母さんの背のほうに向かって90度回転しながら産道を下ります。

骨盤に入り始める

お母さんの骨盤の形に合わせて、赤ちゃんが斜め横を向きながら少しずつ骨盤内に入り始めます。

赤ちゃんのようす

着替えて陣痛逃しといきみ逃しをする

産院で問診を受けたら、ラクな格好に着替えて陣痛逃しといきみ逃しをします。痛みとの戦いになるので体力が必要なシーンです。

ママがすること

154

Q6 産後すぐは何をするの？

A. 産後2時間は分娩台に横になったまま安静にします。その間にママの体に異常がないかを確認、問題がなければ病室へ戻ります。

Q5 赤ちゃん誕生後すぐ写真を撮れる？

A. 病院によりますが、希望を出せば写真撮影も可能です。その場合は、あらかじめその希望を病院側に伝えておきましょう。

6 後産の処置をして病室に移動

5 いよいよ赤ちゃん誕生！分娩室へ移る → 162ページへ

← **10cm（全開）** ←

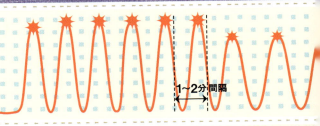

1〜2分間隔

Key Word

排臨（はいりん）
陣痛の波とともに、赤ちゃんの頭が腟口から見え隠れする状態をいいます。

発露（はつろ）
赤ちゃんの頭の一番大きな部分が腟口から出て、引っ込まなくなった状態のことです。

頭 → 肩の順に出てくる

お母さんの背に顔を向けたまま、顔を出したら、さらに体をひねらせながら横向きになって肩を出します。

へその緒を切り、胎盤を出す処置をする

へその緒が切られ10〜20分たつと、胎盤が出てきます。その後、子宮内に胎盤や卵膜の一部が残っていないかチェックを受けます。また、会陰切開や自然にできた裂傷（れっしょう）を縫合します。

なるべくいきみを逃す

赤ちゃんやママの骨盤にストレスがかからないようになるべくいきみを逃しましょう。助産師さんから合図があった場合には、陣痛の波に合わせていきみ始めます。自然の力にまかせ、無理にいきまなくてもよい場合もあります。

中期 → 臨月

そろそろ始まるかも？
お産のサインを知ろう

これだけは！ お産の始まりであせらない

お産はいつ始まるかわからないからこそ、事前の準備が重要です。陣痛から始まるパターンが多いですが、それが夜中なのか、朝なのか、昼間なのか、誰といるときなのかなどによって行動も変わってきます。また、破水から始まる場合もあります。どう始まってもあわてないように必要なことを確認しましょう。

お産の兆候のようなサインが出る場合もありますが、あせらずに、お産の準備が整ったんだと考えましょう。

お産のサインから入院までのスケジュール

産院への連絡は必ずママ本人がして。陣痛の感覚などを聞かれることが多いためです。

- お産のサインに気づく
- ↓
- 産院へ連絡する
- ↓
- 産院へ移動する
- ↓
- 診察し、入院する（陣痛室へ）

お産の基本的なサインはこの2つ

 おしるし
茶色やピンクの粘液状のおりもので、子宮収縮によって卵膜と子宮壁がこすれて起こる少量の出血のこと。

 前駆陣痛（ぜんくじんつう）
陣痛のような痛みがきたものの、間隔が不規則だったり、痛みが遠のく場合は、陣痛の予行練習ともいえる、前駆陣痛です。

- 10分間隔の陣痛
- 出血がある
- 前期破水が起こる

産院に行く前にしておきたいこと

- シャワーや入浴
- トイレに行く
- お産の流れを確認する
- 軽い食事をする
- パパや親へ連絡する

 交通手段の確認もしておこう！

check point

- ☐ お産までの流れを確認し、事前にしておくことをチェックしよう
- ☐ おしるしか前駆陣痛があったら、お産のサインと知ろう
- ☐ あせらないように、産院へ連絡するときに伝えることを覚えておこう

✼ 前期破水 から ✼
スタートするお産

産院へ行くタイミングは…
破水したらすぐ

すぐに産院に連絡を。入院が必要です

赤ちゃんを包む卵膜が破れて、羊水が流れ出ることを破水といいます。陣痛前に起こるのが前期破水で、膣から細菌が入る恐れがあるため、すぐに入院する必要があります。

- 🩵 シャワーや入浴はしない
- 🩵 大きめの生理用ナプキンをあてる
- 🩵 横になって休む
- 🩵 すぐに産院へ連絡する
- 🩵 移動中の車の中ではビニールシートを敷く

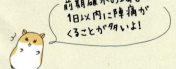

前期破水の場合は1日以内に陣痛がくることが多いよ！

✼ 陣痛 から ✼
スタートするお産

産院へ行くタイミングは…
約10分間隔になったら

痛みと痛みの間隔をはかり、連絡しよう

いつもと違うおなかの痛みがきたら、次の痛みが始まるまでの間隔をはかりましょう。最初は不規則で弱かった痛みが増し、10分間隔になったら本格的な陣痛です。

陣痛のはかり方

いよいよ！
10分間隔

痛みが始まった瞬間から、痛みが治まり、次の痛みが始まるまでの時間が陣痛の間隔です。痛みの長さはだいたい40〜60秒程度です。

 産院へ連絡するときに伝えること check!

- ☐ 自分の名前と出産予定日
- ☐ 現在の週数
- ☐ 陣痛の間隔
- ☐ おしるしの有無
- ☐ 診察券番号（病院によっては必要）
- ☐ 破水の有無
- ☐ 初産か経産か
- ☐ 産院までの交通手段と移動手段
- ☐ 医師から言われていること（あれば）

中期 → 臨月

陣痛をのり切るために知っておきたいこと

これだけは！前向きな気持ちでのり切る

陣痛は赤ちゃんが生まれるために必要なことです。「もうすぐ赤ちゃんに会える」「赤ちゃんも頑張っているんだ」という前向きな気持ちを力に変えて、陣痛の痛みをのり切りましょう。
陣痛をのり切るにはリラックスすることが大切です。痛みがきたときは深呼吸して力を抜いてリラックスしましょう。体を動かすこともポイントです。
ママがリラックスすると赤ちゃんも産道を下りやすくなり、お産が進みます。

「前駆（ぜんく）陣痛と本陣痛」ってどう違うの？

本陣痛とは…
赤ちゃんを子宮から押し出すための収縮で、間隔を開けながら規則正しく起こるものをいいます。10分間隔が本陣痛の目安です。

前駆陣痛とは…
陣痛の開始前に起こる練習のような子宮収縮を前駆陣痛といいます。痛みの強さも起こる間隔も不規則で、次第に遠のいていきます。

陣痛とのつき合い方
陣痛はつらいですが、赤ちゃんが出てくるためのエネルギーです。怖がらず積極的に向き合うようにしましょう。

陣痛とは…

痛みは波のよう
陣痛は寄せては返す波のようなものです。最初は弱く短い波が徐々に強く長くなります。波の合間にしっかり休むようにしましょう。

赤ちゃんと引き合わせてくれる力
赤ちゃんの出てこようという気持ちと下りてくる動きで引き起こされるもので、前向きなエネルギーととらえましょう。

深呼吸が大切
ママが痛みで息を止めてしまうと、赤ちゃんに新鮮な酸素が届かなくなってしまいます。落ち着いて、呼吸はしっかりしましょう。

リラックスすると逃せる
体が緊張していると痛みも疲労も増してお産が長びく原因になります。心を落ち着けて体力を保つのがお産のポイントです。

check point

- ☐ 陣痛を怖がらず、「赤ちゃんも頑張っている」と前向きになろう
- ☐ 前駆陣痛は陣痛の練習と思い、起こってもあわてないようにしよう
- ☐ 痛みが強くても寝たきりにならず、体を動かすことを意識しよう

🚩 陣痛をのり切るための5つのポイント

陣痛は赤ちゃんが生まれるまで長時間続きます。
ポイントを押さえてのり切りましょう。

ポイント2 リラックスする

パパとゆっくり会話をしたり軽食をとったり

お産は思いどおりには進まないもの。心配なことがあればスタッフに相談したり、家族と会話を楽しんだり、陣痛の合間に食事をとったり、リラックスしましょう。

ポイント1 あえて動く

スクワットや歩き回ることで刺激が伝わる

じっと寝ているのではなく、階段を上り下りしたり、室内をうろうろしたり、スクワットをしたり、動き回りましょう。いつもどおりに過ごすことが大事です。

ずっとじっとしていると逆に痛みを強く感じます。できるだけ体を動かして。

ポイント3 ラクなポーズをとる

お産の進み具合によってポーズを変えてみよう

骨盤の形が変わりお産が順調に

骨盤が徐々に広がるので、時間とともに、痛む場所もラクなポーズも変わっていきます。腰を回したり座ったり、ラクな姿勢を常に探しましょう。

クッションを足に挟む

横になるなら背中を丸め横向きに。足の間にクッションや枕をはさむとラクになります。

お尻を上げる

手足をついてお尻を上げる姿勢は、おなかの圧迫感から解放されるので、ラクになります。

逆座りする

股関節が開く姿勢なので、産道が開いてお産が進みやすくなります。

ポイント5 肛門を圧迫してもらう

肛門を圧迫してもらいながら息を吐いていきみ感を逃す

強いいきみ感が押し寄せてきたときは、パパや助産師さんに肛門のあたりを手のひらのつけ根やテニスボールで押してもらいながら息を吐くといきみ感が逃せます。

ポイント4 呼吸は"吐く"

フーッと吐くことで新鮮な空気を赤ちゃんへ届ける

呼吸はゆっくりと長く息を吐いて赤ちゃんにしっかり酸素を届けましょう。痛みがきても息を吐くことに集中して。

息を吸うばかりの呼吸をすると、過呼吸からパニックになることもあるので注意します。

圧迫してもらう強さや位置を伝えながら、効果的に押してもらうようにしましょう。

✗ 力を入れ過ぎる
力が入ると陣痛がうまく進まなくなったり、おなかの赤ちゃんに負担になったりします。落ち着いて力を抜きましょう。

✗ 息を吸い過ぎる
痛みから、呼吸が息を吸うことばかりになることも。赤ちゃんに酸素が送れなかったり、過呼吸の危険があるので、吐くことにも集中して。

✗ 大きな声を出す
痛いからといって、大きな声で叫んでしまうとよくありません。おなかに余分な負担がかかり、産道がかたくなってしまいます。

✗ 陣痛の間隔を気にし過ぎる
陣痛の長さを正確に記録しようと頑張り過ぎると緊張でリラックスできません。大まかな間隔がわかれば大丈夫と考えてください。

✗ ずっと横になっている
痛いからと横になってじっとしていると陣痛が進みません。できるだけ起き上がって動き、陣痛を促しましょう。

✗ マイナスなことばかり考える
「いつまで続くの?」と考えたり、お産を怖がると体に力が入ってしまいます。前向きに、リラックスして力を抜きましょう。

痛みに抵抗するとかえって進みづらくなる

痛みに耐えようと体に力を入れ過ぎるのは逆効果です。呼吸がうまくできなくなったり、余計に痛みを感じたり、陣痛が進まなくなります。痛みの波に乗るようにしましょう。

先輩ママが教える!
あってよかった
陣痛中に役立つもの

役立つグッズといっても、全員に効果があるわけではありません。理由を参考に、自分に合ったグッズを選んで。

ペットボトル用ストロー
陣痛中はのどが渇きやすかったので、どんな姿勢でも飲めるようストローがあると便利ですよ。

うちわ
陣痛中はヒートアップ! 暑いと感じることがとても多かったです。暑いとき、うちわであおいでもらうと気持ちよかったです。

バレッタ&ヘアゴム
陣痛時は汗で首や顔まわりの髪が乱れるので、ミディアム以上の長さのママにはおすすめです。

リップクリーム
呼吸や声を出すと唇が乾くことも多く、水分補給のたびにリップクリームをぬっていました。

テニスボールまたはゴルフボール
テニスボールやゴルフボールなどを肛門のあたりにあてて座ると、うまくいきみを逃せました。

陣痛中のトラブルと対処法

陣痛の間にはさまざまな体の不調が起こりがち。
どんなささいなことが起こっても、がまんせずに伝えて。
あわてず対処することが大事です。

出血した
ネバネバした赤いおりものならば「おしるし」でしょう。順調にお産が進んでいる証拠ですが、念のために助産師さんに伝えましょう。

途中で破水した
分娩室に入る前に破水しても、あわてなくて大丈夫です。すぐに助産師さんに知らせましょう。落ち着いて対応することが大切です。

気分が悪くて吐きたい
陣痛が強くなると吐き気をもよおすことがあります。助産師さんを呼んで吐けるなら吐いて、その後でしっかり水分補給をしましょう。

息苦しい
呼吸法をやり過ぎたときなどに起こる過換気症候群の可能性があります。しびれなどが同時に起こることも。気づいたら助産師さんに伝えてください。

便意をもよおした
本当に便がしたいときと、お産が進んだときそう感じる場合が考えられます。助産師さんに声をかけてからトイレに行きましょう。

食欲がない
食欲がなければ無理に食べなくてもかまいません。ただ、少しつまむだけでもいいので、食べたり、水分補給はできるときにしておくといいでしょう。

中期 → 臨月

赤ちゃんとママの体にやさしいお産とは？

これだけは！ 赤ちゃんが外に出てくるサイン

陣痛が強くなってくると、体の中から赤ちゃんを押し出そうという力が出てきます。このような感覚をいきみ感といいます。

「いきむ」といえば排便をイメージする人も多いでしょう。実際、排便の感覚と似ていますが、深い呼吸を続けながら産道の形をイメージしてその方向に力をかける、陣痛の波に合わせて力を加えることなどが違います。スタッフがリードしてくれるので、指示に従いましょう。

🚩 子宮口が開ききる前は「いきみ逃し」を

子宮口が開ききって出産の準備が整うまで、いきみはがまんします。息を吐くことに集中したりおしりを押してもらいます。

いきみ逃しのpoint

1 赤ちゃんも頑張ってる！とイメージする

いきみたくなるのは赤ちゃんが出てこようと頑張っている証拠です。赤ちゃんといっしょに頑張るんだという気持ちを持ちましょう。

2 目は閉じずにしっかり開く

目を閉じると陣痛の痛みをより強く感じると言われます。目をしっかりと開け、冷静に助産師さんの指示を聞きましょう。

パパや助産師さんに肛門あたりを押してもらうとラクになります

強さや位置は人によって違いますが、肛門のあたりを押してもらいながら息を吐くと、うまくいきみを逃すことができます。

教えて！ なぜいきんじゃいけないの？

子宮口が開ききらないままいきむと、赤ちゃんや子宮口に負担がかかります。また、無理に長時間いきむと子宮脱・膀胱脱のリスクが高くなります。

check point

- ☐ OKが出るまではいきまないこと、いきみ逃しの方法を確認しよう
- ☐ いきむときは助産師さんに従い、力を入れ過ぎないよう注意しよう
- ☐ いきみ逃しといきむときのポイントを覚え、お産のときにあわてないこと

162

いきみ方のpoint

1 陣痛の合間はしっかりと深呼吸
陣痛が強くなっても合間はあります。痛みの波が去ったら深呼吸して、赤ちゃんにたっぷり酸素を届けるようにしましょう。

2 赤ちゃんの頭が出たら短い呼吸にする
力を抜いて「ハッハッハッ」という短い呼吸をします。手を胸の上に置くなどして、体に力が入らないように気をつけましょう。

🚩 子宮口全開大になっても自然に呼吸を

子宮口が全開になり、助産師さんの指示があればいきみます。ガスケアプローチ法（→P106）では、いきんで息をとめるより、背筋をのばし深い呼吸を続けます。

腕をのばす
両腕をのばして、体を自然とまっすぐにするイメージの体勢になります。

産道のカーブをイメージする
産道は下りたあと少し上にカーブしており、アルファベットのUの字のような形です。産道のカーブをイメージしましょう。

口を開ける
口を軽く開け、息をスーッと吐ききります。

助産師さんの指示に従う
助産師さんが陣痛の波のようすをみて、必ずリードしてくれます。ママは落ち着いて、そのリードに従えば大丈夫です。

中期 → 臨月

立ち会い出産でパパもいっしょに頑張る

立ち会い出産とは、パパなどの近しい人が出産に立ち会い、赤ちゃんの誕生をともに見届けることです。

これだけは！ ママの出産を全力でサポート

立ち会い出産をする場合、パパは見ているだけでなく、精いっぱいママをサポートする必要があります。陣痛中は背中をさすったりして、ママがリラックスできるよう手伝います。また、分娩まで立ち会う場合は、呼吸法をリードしたり汗を拭いたりして励まします。ママとふたりで頑張りましょう。

✿ パパはどこまで立ち会う？

1 陣痛室 まで立ち会う
入院から分娩室に入るまで付き添います。陣痛は長く続き、お産の進行によってママの痛みには波があります。痛みの合間には手を握る、背中をさするなどしてリラックスさせてあげましょう。

2 分娩室 まで立ち会う
赤ちゃんの誕生まで立ち会います。分娩室では看護師などが動いているので、ジャマにならないようにママの頭のほうに立ち、水分補給を手伝ったり呼吸法をサポートしたりします。

✿ パパができる3つのサポート

せっかく立ち会うのだから、ただ見ているだけではダメ。
つらい出産が少しでもラクになるように、協力して。

1 ママを励ます
積極的に明るく声をかけて
陣痛が始まると、ママの苦痛がどんどん強くなります。少しでもママがリラックスできるよう、「大丈夫」「もう少しだよ」などと声をかけ、励ましてあげましょう。

2 あわてず行動
ママを落ち着かせて冷静に対応を
お産のサインがあると、ママは不安やあせりであわててしまいがち。そんなときはパパが冷静に対応すれば、ママも落ち着いてくるはず。陣痛の間隔をメモするなど積極的に行動を。

3 ママがしてほしいことをする
ママの希望は妊娠中に聞いておく
陣痛がラクになるマッサージの方法は、ママによってさまざまです。肛門の押し方や場所など、ママの希望に応えましょう。妊娠中に練習しておくといいですね。

妊娠中からふたりでお産の流れを勉強しておこう

check point

- ☐ パパはどこまで立ち会うか決めて、ママをサポートしよう
- ☐ 本番であわてないよう、妊娠中にふたりでシミュレーションを
- ☐ お産の始まりから出産まで、パパのすることを知ろう

164

🚩 立ち会い出産の流れ

立ち会うと決めたら、パパは出産まですることがたくさんあります。
ママとふたりでのり切りましょう。

自宅にて

ママの体調を見て出産の流れをイメージ

お産は、いつどんな始まり方をするかわかりません。ママといっしょに出産の流れを確認し、本番にそなえておきましょう。ラクな体勢やいきみ逃しのためのグッズなども確認を。

すること
- 車の座席に敷くためにビニールシートを用意
- ママの荷物を持って病院へ移動
- 入院時の家事などを確認しておく

point　臨月に入ったらいつでも連絡がとれるように

パパが家にいないときにお産が始まることもあります。連絡方法や当日の段取りを確認しておきましょう。臨月に入っているのにパパと連絡がとれないなんてことのないように。

陣痛中

食べられるものを買ってきたりマッサージでサポートする

飲み物を多めに用意するほか、ママが食べたいものを買ってきましょう。陣痛中が少しでもラクになるよう、助産師さんの指示に従っておなかや腰のマッサージも必要です。

point　進行するにつれ痛い部分は変わる

痛んでいる場所を押さないと効き目がありません。ママに痛む箇所を確認して、その部分をマッサージをします。

赤ちゃんが下りてくるのに合わせて、A・B・Cの順に痛む場所も下にずれてきます。

分娩時

汗を拭いたり水分補給を手伝って励まそう

助産師さんなどのジャマにならないことが原則です。指示されたとおりの位置で、ママの汗を拭いたり水分補給をしたりとサポートします。励ましの声をかけることも忘れずに。分娩に立ち会わない場合は、近くで待機しましょう。

この時期に！ 中期 → 臨月

トラブルに応じて行う お産の医療処置

妊娠中は健康に過ごしていても、お産でどんなトラブルが起こるかは誰も予想できません。そんなときのために、ママと赤ちゃんを守るためのさまざまな医療処置があるので知っておきましょう。

医療処置には陣痛中やお産が長びきそうなときに行うもの、赤ちゃんがなかなか出てこないときに行うものなどがあります。何にせよ元気な赤ちゃんを迎えるために行う処置ばかりなので、安心を。

これだけは！ 母体と赤ちゃんを守るための処置

会陰切開の流れ

切開と聞いて怖いイメージを抱きがちですが、局所麻酔をすることが多いうえに、お産の最中なのであっという間に終わります。

1 局所麻酔をして切開する

切開部分に局所麻酔を行います。先の丸い手術用のはさみで、1カ所を2〜3cmほど切開します。麻酔の効果で痛みを感じることはほぼありません。

2 赤ちゃん誕生後に縫合（ほうごう）

誕生後、胎盤がはがれ出てきたら縫合です。麻酔が効いているので痛みはありませんが、縫われている感覚はあるようです。

3 溶けない糸なら抜糸

吸収される糸を使われた場合は必要ありませんが、抜糸は産後4日めくらいに行います。麻酔をしないので引きつれるような痛みを感じます。

4 傷口がくっつく

傷口は2〜3日でくっつき、産後1カ月くらいには痛みもほぼ和らぎます。痛み止めなどを処方してくれるところもあるので、あまり心配しないで。

お産が長びきそうなとき　会陰切開（えいん）

赤ちゃんが出てくるとき、会陰部は自然と広がります。しかし、伸びが悪く時間がかかりそうなときや大きく裂けてしまいそうなときは、切開します。

会陰切開の部分

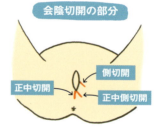

正中切開　側切開　正中側切開

腟の出口から肛門周囲の皮膚と筋肉部分を会陰といいます。縦に切る「正中切開法」と斜め下に切る「正中側切開法」、ほぼ横に切る「側切開」が主です。

会陰切開は70％以上の人が経験しているよ！

check point

- [ ] お産に時間がかかるときは、会陰切開をすることがあると知ろう
- [ ] 赤ちゃんを、早く外に出してあげるための処置があることを覚えよう
- [ ] 医療処置は産院によって、行ったり行わなかったりすると知ろう

🚩 こんな処置を受けることも!

陣痛中

産院によって受ける処置は異なります。事前にママの希望を聞くところも増えています。

導尿（どうにょう）	陣痛が強くなってトイレに行けないときに、尿道口にカテーテルを挿入して、尿を排泄します。
浣腸	直腸に便がたまっていると赤ちゃんといっしょに便が出て、細菌汚染の恐れがあります。
点滴	帝王切開や輸血などの緊急事態にそなえて、あらかじめ点滴の針を刺し、血管を確保します。

子宮口が開かない

陣痛が始まっても子宮口がなかなか開かないときに、医療器具や薬などで促します。子宮口が開くと陣痛も起こりやすくなります。

子宮頸管熟化剤（けいかん）	錠剤や注射、点滴薬などを使って子宮口をやわらかくして開かせます。
ラミナリア	ラミナリアという器具を使って、物理的に徐々に子宮口を広げます。
メトロイリーゼ	メトロイリーゼという器具を子宮口に挿入し、内側から開かせていきます。

陣痛が弱い

陣痛が弱いままだとお産が長びき、ママも赤ちゃんも体力を消耗します。そのため陣痛を強める処置をすることがあります。

人工破膜	卵膜がなかなか破れず、破水しないときに、人工的に破水を起こす手術です。
陣痛促進剤	陣痛が弱く、なかなかお産が進まないときに使って陣痛を強める薬を使います。

🚩 赤ちゃんを早く出してあげる処置

鉗子分娩（かんし）

鉗子で赤ちゃんの頭を挟み、ママのいきみに合わせて外に引き出します。行える産院は限られています。

鉗子（かんし）と呼ばれるへらのような器具で赤ちゃんの頭を挟んで引き出す方法です。熟練した技術が必要です。

吸引分娩

金属製、またはシリコン製の椀型のカップを赤ちゃんの頭にあてて、ママのいきみとともに吸引します。

直径5cmくらいの専用カップを頭にあてて、引き出す方法です。赤ちゃんの頭にカップのあとがつきますが、時間がたつと目立たなくなります。

陣痛促進剤はこんなときに使います

- 前期破水を起こした場合
- 子宮内の赤ちゃんの状態がよくない場合
- 出産予定日を過度に過ぎた場合
- 微弱陣痛の場合
- ママに合併症のある場合
- その他、母子のどちらかに異常がみられる場合

中期 → 臨月

だれでも可能性はある帝王切開を知ろう

帝王切開のお産の流れをチェック

今や約5人にひとりが経験するといわれている帝王切開。決してめずらしいことではありません。

帝王切開は、妊娠中に経腟分娩がむずかしいと判断され、あらかじめ手術する日を決めて行われる「予定帝王切開」と、突然のトラブルなどで行われる「緊急帝王切開」があります。お産の流れはどちらの場合も同じ。万が一にそなえて、左ページで流れを確認しておきましょう。

どんなときに帝王切開になるの？

妊娠中から決まっている「予定帝王切開」、そしてトラブルが起こって急に行われる「緊急帝王切開」の2パターンがあります。

予定帝王切開

- 多胎妊娠
- 前置胎盤
- 児童骨盤不均衡
- さかご
- 持病がある
- 過去に帝王切開でお産をしている
- 重症の妊娠高血圧症候群

その他、過去に子宮筋腫の手術をしているなど、妊娠中に経腟分娩がむずかしいと判断されたら、事前に手術日を決めます。

緊急帝王切開

- 常位胎盤早期剥離
- 胎児機能不全
- 破水後に陣痛がない
- 赤ちゃんの心拍数低下
- 母体の急変

分娩中に、上記の理由などで、ママと赤ちゃんのどちらかにトラブルが起こったとき、母子を守るために行われます。

帝王切開の方法

下腹部の皮膚を横または縦に切ります。最近は傷あとが目立たない横切りが増えています。緊急を要する場合は赤ちゃんをすぐ取り出せるよう、縦で切ることが多いようです。

check point

- ☐ 予定帝王切開と、トラブルが起きて決定する緊急帝王切開がある
- ☐ 縦、または横に切る方法があり、緊急時は縦に切られると覚えよう
- ☐ だれにでも可能性はあるので、帝王切開の流れを知っておこう

知っておきたい 帝王切開 についての Q&A

Q3 赤ちゃんはいつから抱っこできる?
A. ママの体調次第です。手術後すぐに意識がはっきりしていて、体調がよければ、抱っこさせてもらえることもあります。産院の方針によります。

Q2 術後の痛みはつらい?
A. 術後1〜2日は痛みを強く感じる人が多いようです。いつまで続くかは個人差がありますが、鎮痛剤などで抑えてのり越えましょう。

Q1 傷あとは目立ちますか?
A. 横に切る場合は、目立ちにくく時間とともに薄くなることがほとんど。ただし、かゆくなったり赤くなって盛り上がったりする人もいます。

🚩 帝王切開の流れ

妊娠経過が順調でも帝王切開の可能性があるので注意!

予定帝王切開でも緊急帝王切開でも、お産の流れは同じです。一度流れを頭に入れておきましょう。

START

1 ↓ 検査を行い同意書にサイン
帝王切開を行う理由を医師から説明され、家族が同意書にサインします。【緊急の場合】超音波検査や血液検査などを行います。【予定の場合】手術前日までにサインをします。

2 ↓ 手術室へ移動する
【予定の場合】車いす、または自分で歩いて移動します。【緊急の場合】ストレッチャーに横になったまま手術室へ運ばれます。

3 ↓ 血管を確保する
万が一にそなえて、すみやかに輸血や投薬ができるように針を刺して血管を確保します。導尿の処置、血圧計、心電図などを装着します。

4 ↓ 麻酔をする
下半身だけに効く部分麻酔と全身麻酔とがあります。えびのように背中を丸めた姿勢で麻酔する、腰椎麻酔が最もよく使われます。

5 ↓ 切開する
麻酔がちゃんと効いたのを確認したら、縦、または横に下腹部を切開します。続いて、筋膜、腹膜、子宮壁と順に切開します。

赤ちゃん誕生

6 ↓ 胎盤などを取り除く
卵膜を破って赤ちゃんを取り出します。切開開始からここまでは5分程度で、あっという間です。胎盤やへその緒を取り出して、子宮内をきれいにします。

7 ↓ 傷口を縫合(ほうごう)
子宮の傷を切開とは逆の順に縫合していきます。術後、血圧や脈拍、止血のようすなどを観察し、異常がなければ病室へ移動して休みます。

169 3章・出産の流れ

この時期に！ 中期 → 産後

赤ちゃん誕生後はすぐ入院生活で育児レッスン

これだけは！ 入院生活から育児に慣れておく

出産当日は、十分に体を休ませることが大事ですが、実は次の日から赤ちゃんのお世話が始まります。退院後、赤ちゃんとの生活をスムーズに送るためにも、入院生活のうちにしっかり学んでおくことが大切です。

赤ちゃんのお世話は、授乳やおむつ交換、沐浴の仕方を学びます。体のケアをしつつ、育児に慣れるためにも積極的にお世話します。家族との面会は疲れない程度に抑えて。

産後すぐの流れ

出産後は約2時間分娩室で休憩する

出産は体力を使います。体を十分休ませるため、2時間は安静にし、トラブルがないかようすを見ます。外陰部、子宮底、出血量などのチェックをします。

↓

車いすなどで病室へ移動

特に問題がないようなら、歩けるママは歩いて、歩けないママは車いすなどで病室へ移動します。食欲があれば食事をとり、ゆっくり眠りましょう。

↓

病室で休み、排尿のチェック

産後何時間かたったら、看護師とともにトイレまで歩いてみます。めまいがないか、排尿できるかをチェックします。悪露の量も多いので、ナプキンをこまめに交換します。

↓

入院についての説明を受け、育児のやり方を習う

入院は何日間か、入院生活ではどんなことをするかなどの説明を事前に受けます。いつシャワーを浴びていいか（2日目からOK）など、疑問点があれば聞きましょう。

1日目は体を休めることを第1に！

入院1日目

出産当日は安静に過ごします。今後1日に何回か回診を受けるので、不安な点があれば今のうちに聞いておきます。

赤ちゃんは ビタミンK₂シロップを飲む

赤ちゃんは、血液を凝固させるビタミンK_2を体内でつくることができません。母乳にも少ししかないので、シロップが投与されます。

check point

- ☐ お産当日は、産後の体を十分に休ませることが大切
- ☐ 入院生活では、赤ちゃんのお世話の仕方をしっかり学ぼう
- ☐ 退院するときは忘れ物をしないようにして、部屋をきれいにしよう

とっても忙しい！入院中のある日の1日

6:00	起床、授乳
6:30	おむつ交換
7:00	朝食
8:00	
9:00	授乳、おむつ交換
10:00	血圧測定・検温
10:30	赤ちゃんのお世話指導
11:00	授乳、おむつ交換
12:00	昼食
13:00	面会時間
14:00	授乳、おむつ交換
15:00	休憩
16:00	↓
17:00	授乳、おむつ交換
18:00	夕食
19:00	シャワー
20:00	授乳、おむつ交換
21:00	休憩
22:00	消灯
23:00	授乳、おむつ交換
24:00〜5:00	3時間ごとに授乳、おむつ交換

マナー
面会は周囲の迷惑にならないようにルールを守って

産後、落ち着くと家族や友人などがお見舞いにくるでしょう。面会時間を守り、まわりの迷惑にならないように気をつけます。

すること
赤ちゃんへのお世話をする

おむつ替えや授乳、着替えなどの指導を受けます。次第に慣れてくるのであせらずに。

沐浴練習

赤ちゃんの体の支え方や洗い方などを教わります。コツやポイントをしっかり学んで。

入院 2〜4 日目

赤ちゃんのお世話がスタートします。やり方を習って、わからなくても無理しない程度に少しずつ慣れていきましょう。

赤ちゃんは
黄疸の検査を受ける

出生後の赤ちゃんは肝臓が未熟なので、皮膚が黄色くなることがあり、それを黄疸といいます。採血で症状をチェックし、治療が必要な場合は光線療法を受けます。

入院 5〜6 日目

いよいよ退院が間近です。退院して問題がないか、ママも赤ちゃんも検査を受け、退院の準備を進めます。

退院の準備をする

退院の日にママや赤ちゃんが着る服以外はしまい、部屋を片づけて退院準備をします。退院後の赤ちゃんとの生活について、アドバイスを受けることもあります。

すること
ママの体の検査

採血して行われる貧血の検査や子宮の戻り具合、悪露の状態などをみて、ママの体の回復具合を確認します。不快症状などがあれば伝えます。

乳房のケアを受ける

最初は思うように授乳ができず、乳房が張って乳腺炎などになりがちです。ケアの仕方やマッサージ方法を教わり、トラブルを予防しましょう。

退院

ママと赤ちゃんの体に問題がないようなら、退院できます。赤ちゃんとの生活がスタートです。

退院の流れ

退院健診を受ける
退院してよいかどうか、ママと赤ちゃんの体調を医師が確認します。退院許可が出れば退院できます。

退院の準備をする
ママはまだおなかが大きいので、おなかまわりがゆったりした服を選びます。

入院時の精算
出産育児一時金は入院中に申請しておきましょう。退院時の精算がスムーズです。

部屋を片づける
忘れ物がないよう、きれいに片づけて、入院する前と同じ状態にします。パパも協力を。

医師や看護師に挨拶します
お世話になった医師や看護師などに挨拶をします。忙しそうでなければ記念写真を撮るのも思い出になります。

赤ちゃんに授乳、着替えをして退院
病院から家まで、時間がかかるようなら、病院を出る前に授乳するといいでしょう。

帝王切開した場合の入院の生活

産後2日目くらいからお世話開始

経腟分娩と違って、出産当日は麻酔や痛みで動けない人が多いようです。最初は食事もおかゆなどの流動食から始めます。

手術後

1〜2日
痛みで起き上がるだけで精いっぱいの人がほとんど。体調を見て歩行を開始しましょう。

3〜5日
3日目くらいからシャワーがOKとなり、食事も普通食になります。まだあまり無理をしないで。

6日以降
退院に向けて、赤ちゃんのお世話を学びます。診断で異常がなければ退院OK。

入院中についてのQ&A

Q3 初乳が出ないと粉ミルクになる?
A. 最初は出なくても、赤ちゃんに吸わせることで促します。それでも出ないときは、医師に相談し、粉ミルクを与えることも。

Q2 体が疲れているので育児をお願いしてもいい?
A. 出産当日は体を休ませてもよいですが、それ以降は育児に慣れるためにもできるだけお世話をしましょう。

Q1 子宮が痛んだらナースコールを押していい?
A. がまんできないような痛みが続くようなら遠慮せず、ナースコールしてかまいません。鎮痛剤などで対処してくれるでしょう。

4章

赤ちゃんと
いっしょに！

産後の過ごし方

赤ちゃんが誕生したら、慣れない育児であわてがち。妊娠中から、赤ちゃんとの生活について知識を深めておくと、安心です。パパと協力して、育児に励みましょう。

後期 → 産後

産後1ヵ月 赤ちゃんとの生活は？

これだけは！ ママは無理せずパパと協力を

ようやく病院から赤ちゃんと帰ってきたママ。早速パパと協力して育児が始まります。ただし、まだママは心も体もくたくたです。妊娠前の体に戻るには、6〜8週間ほどかかるといわれているので、頑張り過ぎないでまわりにサポートしてもらいましょう。

また、1ヵ月健診はぴったり1ヵ月に行かなくてもよいので、母子ともに体調がよいときに行くことが大切です。

check point

- [ ] ママは休養が必要な時期なので、周囲の力を借りよう
- [ ] 1ヵ月健診までは、できるだけ外出しないで安静に過ごそう
- [ ] 1ヵ月健診は、母子ともに体調がよいときに受けよう

♡ ママの体が戻るには 6〜8週間かかる！

産後のママの体は、ゆっくり時間をかけて元に戻ります。体にトラブルも起こりがちなので、無理をせず体のケアに努めて。

♡ 1ヵ月間は 外出はやめて

体を休養させることが大切なので、あまり外出するのは好ましくありません。買い物などはパパに行ってもらい、安静に過ごしましょう。

♡ 1ヵ月間は授乳とおむつ交換がメインの日々

このころの赤ちゃんはひんぱんにおっぱいを飲み、1日に何回もおしっこやうんちをします。最初はうまくできないお世話も、自然と慣れるので頑張って。

♡ ママは休養が必要 サポートを求めて

出産の疲れと慣れない育児で大変なので、パパや周囲の人の力を借ります。疲れたらできるだけ横になり、ほっと一息つく時間を持つことが大事です。

退院後のスケジュール

退院して家に帰ったら、赤ちゃんとの生活が始まります。
1カ月健診までは無理をせず過ごしましょう。

産後 1カ月後は

「1カ月健診」を受けましょう

1カ月健診では赤ちゃんだけでなく、ママの健康状態も確認します。1カ月ぴったりである必要はなく、母子ともに体調がよいときに行きます。悩みなどがあれば、相談を。

1カ月健診に持っていくもの

- ☐ 健康保険証
- ☐ 赤ちゃんの着替え
- ☐ 診察券
- ☐ 筆記用具
- ☐ 母子手帳
- ☐ ミルクセット
- ☐ おむつセット
- ☐ 不安なことなどのメモ

赤ちゃんの健診
身長、体重、胸囲、頭位を測って成長具合を調べます。先天性の障害がないかも確認します。

ママの健診
子宮の回復状態を内診で調べます。悪露や母乳の分泌についても問診があります。

健診後はこれをスタートできる

1カ月健診を終えたら、ママも赤ちゃんも少しずつできることが増え、活動的に過ごせます。

お風呂
ベビーバスを卒業して、大人といっしょに同じお風呂に入ることができます。丁寧にガーゼなどで洗ってあげましょう。出たら手早く拭き取ります。

外気浴
赤ちゃんが外気や光に触れることをいいます。窓を開けて風を部屋の中に入れることから始めます。慣れてきたら、風のない晴れた日に外に出てみます。

セックス再開
1カ月健診で体が順調に回復していると医師から診断を受けたら、始めてもよいでしょう。痛みを感じるママも多いので、無理はしないように。

産後 3週間目は

昼間は赤ちゃんといっしょに眠ろう

このころの赤ちゃんは、1日のうち7割は寝ています。ママの体を休めるためにも、赤ちゃんの隣で横になってみてはどうでしょう。心身ともにリラックスできるはずです。

point そろそろ内祝いを準備
出産祝いをもらったら、1カ月以内にお返しを送るのがマナーです。いただいたお祝いの半額程度のものを送ります。

産後 2週間目は

ママはまだまだ休養が必要

子宮が元の大きさに戻っていき、少しずつ妊娠前の体になります。ホルモンバランスも変化するため、精神的にも不安定になりがちなときです。しっかり休みましょう。

175　4章・産後の過ごし方

この時期に！ 臨月 → 産後

出生届を記入して正式な家族になろう！

これだけは！ 生後14日以内に必ず提出を

赤ちゃんが生まれたら、14日以内に「出生届」を各自治体に提出する必要があります。出生届を提出することで、赤ちゃんははじめてパパとママの戸籍に載るのです。

出生届に必要な赤ちゃんの名前も、余裕を持って考えておくようにしましょう。提出する前に不備がないか確認を。

提出期限は必ず守るようにし、もし過ぎてしまうと罰金を科されることがあります。

🚩 出生届の記入の仕方

楷書で丁寧に書くように気をつけます。
提出前に書き漏れがないか、しっかりチェックしましょう。

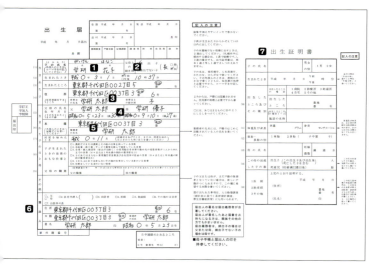

出生届
原則として、子どもの親が記入します。「続き柄」の"嫡出子"は婚姻関係による子ども、"嫡出子でない子"は婚姻届を提出していない女性から生まれた子どもを意味します。

出生証明書
病院や産院で出産した場合、医師または助産師が記入します。自宅で出産する場合は、用紙を準備し、母親や立会人が記入します。

check point
- ☐ 出生届の書き方を知って、書き漏れがないようにしよう
- ☐ 提出する前に、赤ちゃんの名前をもう一度確認しよう
- ☐ スムーズに提出できるように、必要なものを確認しよう

176

提出前にもう一度名前をチェック！

一度提出して受理されると、名前を変えることはむずかしくなります。本当にその名前でよいか、提出前に確認します。

名づけの方法 → くわしくは 80 ページへ

□ **子どもが一生つき合える名前ですか？**
子ども本人が喜んで使え、愛着を持てる名前でしょうか。社会生活を送るうえで支障ない名前をつけましょう。

□ **伝わりやすい名前ですか？**
読み方が変わっている場合やむずかしい漢字を使うと、社会生活で伝わりづらい場合があります。

□ **使える漢字ですか？**
名づけに使える漢字は、法律で決まっています。法務省のホームページに使える漢字の一覧表があるので、提出前に確認を。

□ **家族全員が納得してますか？**
パパとママだけでなく、双方の親やほかの家族全員がその名で納得しているかどうかです。ふたりだけで決めないようにします。

□ **イニシャルは変でない？**
例えばイニシャルが「W.C.」「S.M.」などのように別の意味を持ったものにならないように、姓名をローマ字で書いてみます。

1　名前の読み
赤ちゃんの名前の読み方をひらがなで書きます。なお、住民票に記載されるだけで戸籍には記載されません。

2　父母との続き柄
嫡出子は婚姻関係による子ども、嫡出でない子は婚姻届を提出していない女性から生まれた子のことです。

3　世帯主について
住民登録所在地の世帯主の氏名を記入します。世帯主が祖父の場合は、続柄を「子の子」と記入します。

4　年号の表記
パパとママの生年月日を記入します。生まれた年は昭和や平成などの元号で、外国人の場合は西暦で記入します。

5　本籍と筆頭者
本籍の入っている住民票を見て確認し、都道府県から書きます。筆頭者とは、戸籍の最初に記載されている人のことです。

6　届出人
役所に届けた人ではなく、「届出義務者」を指します。順位は赤ちゃんの父母、同居人、出産に立ち会った医師となっています。

7　出生証明書
出生届の右側についています。産院で出産した場合は医師または助産師が、自宅で出産した場合は母親や立会人が記入します。

提出に必要なものリスト

- □ 出生届と出生証明書
- □ 届出人印鑑
- □ 母子健康手帳
- □ 世帯主の健康保険証

出生届はひとりに1枚必要で、双子なら2枚必要です。印鑑は書類に記入ミスがあった場合に、訂正印として使用します。忘れものをしないように、事前に確認しましょう。

期限は必ず守ろうね！

この時期に！ 臨月 → 産後

無理せず産後の体に戻ろう

これだけは！ ゆっくり体を元に戻そう

産後1カ月ほどは、ママの体は外見的な変化やマイナートラブルに悩まされることになります。

しかし、この時期は「産褥期」と呼ばれ、体を安静にすることが何より大切です。妊娠前の体重に戻そうとダイエットを始める、なんてことはまだNGです。

外見が元に戻るか気になるでしょうが、基本的に自然と戻るものです。無理をせず体力を回復させることを最優先にしてください。

産後約8週間 　産褥期（さんじょくき）

産褥期とは産後6〜8週くらいまでの時期のことで、妊娠前の体に戻るにはその期間がかかるといわれています。

産褥期の生活のポイント

1 体の回復を優先する
まだ体力が戻っていないので、無理は禁物です。長時間の立ち仕事や外出は避け、疲れたらできるだけ横になりましょう。

2 家事などはまわりに頼る
赤ちゃんのお世話だけで手いっぱいになってしまうことがほとんどです。その分、家族が協力して家事を負担します。

3 赤ちゃんといっしょに寝起きする
この時期の赤ちゃんは1日のほとんどを眠って過ごします。赤ちゃんが寝たらママも隣で横になり、体を休めましょう。

---

check point

- 体力を回復することを最優先して、無理をせず過ごそう
- 赤ちゃんにつきっきりになるので、家事は家族と協力しよう
- 産後は体に変化があるが、自然と戻るので気にしないようにしよう

178

産後の体の変化

妊娠、出産を経たママの体は妊娠前の状態に戻ろうとします。体にさまざまな変化が起こります。

抜け毛が多くなる
髪の毛

ホルモンバランスの変化で抜け毛が多くなりますが、自然と治まります。この時期、美容院ではカットだけにします。

虫歯になることも
歯

虫歯のほか、口の中のネバネバ感や歯周病などに悩まされる人が多くなります。歯科医院に通うのはOKです。

骨盤底のゆるみは尿もれの原因にも
骨盤

骨盤のつぎ目は産後、だんだん元に戻ります。一方、骨盤底筋群は赤ちゃんが産道を通るときにのびたまま、産後もゆるんでいるので尿もれが起きることも。骨盤支持ベルトなどを使います。

1カ月後くらいには治まる
会陰切開の痛み

個人差はありますが、だいたいは退院するころには落ち着き、傷あとも1カ月健診のころには目立たなくなっています。トイレや清潔を保つ方法などは産院で教わったことを守って。

授乳によってさらに大きくなる
おっぱい

乳腺が発達し、全体的に乳房が大きくなっていますが、産後は授乳のため、さらに大きくなります。乳頭が黒ずみ、乳輪が大きくなるといった変化もあるようです。

約6週間かけて元に戻る
子宮

妊娠前の大きさに6週間ほど時間をかけて、少しずつ戻ります。産後1週間は子宮収縮で生理痛のような痛みを感じるでしょうが、少しずつ軽くなります。

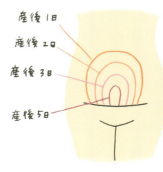

産後1日
産後2日
産後3日
産後5日

Key Word　「産後うつ」

完璧主義になり過ぎないように

一過性のマタニティブルーズと違って、気分の落ち込み、無気力などが長く続きます。ひとりで抱え込まずまわりに相談して、頑張り過ぎないようにしましょう。ひどいようなら産婦人科や精神科を受診しましょう。

この時期に！ 臨月 → 産後

産後のトラブル
症状から対処法を知ろう

出産はママにとって大仕事。疲労はもちろん、体にはさまざまなトラブルが起こりがちです。

例えば、子宮は妊娠前から出産までに、重さは20倍、容範（容積の範囲）は2000倍まで大きくなります。そして産後は6週間ほどかけて、徐々に元の大きさに戻るのです。この回復が順調でなかったり、子宮に残った傷が原因で熱が出たりすることがあります。

出産直後から6週間は、トラブルに備えましょう。

> これだけは！
> トラブルに備えて
> 安静に過ごそう

子宮・膣まわりのトラブル

大きくなった子宮は時間をかけて鶏卵大ほどの大きさに戻りますが、回復で問題が起こることがあります。

子宮復古不全
産後、日数がたっても小さくならないなど、元の状態に戻らない症状です。

症状
子宮回復が遅れる
産後、子宮収縮が遅れて元の子宮に回復できていない状態をいいます。血を含んだ悪露が通常より長く続くことも。

原因は…
子宮内の残存物や子宮ののび過ぎ
子宮の中に胎盤や卵膜の一部が残っていること、巨大児や多胎で妊娠中に子宮がのび切ったことなどがあげられます。

治療・対処
直後なら医師が圧迫して直す
お産直後に症状が見られたら、医師が手で圧迫して戻します。子宮収縮剤や止血剤が使われることもあります。

産褥熱
分娩時や、その前後に子宮内にできた傷を介して、熱が出ることです。

症状
分娩時にできた傷を介して出る熱
子宮内の傷が細菌に感染し、炎症を起こすことで熱が出ます。分娩後24時間以降に38℃以上の熱が続いたら、産褥熱です。

原因は…
なぜ感染したかは断定できない
内部感染と分娩時の使用器具などからの外部感染がありますが、感染源や感染経路は断定できないことが多いようです。

治療・対処
抗生物質で治療する
抗生物質の内服または点滴治療が行われます。一般的にはほとんどの人が2〜3日後には解熱し、回復するようです。

悪露の異常
産後、時間がたっても悪露の色や量に変化が起こらない症状です。

症状
産後も悪露に変化が起こらない
産後4週間ほどで普通のおりものになるはずが、量が増える、1カ月以上悪露が続く、イヤなにおいがするなどの症状が続きます。

原因は…
子宮に問題が生じている
子宮回復に何らかの問題があったり、胎盤や卵膜が子宮内に残っていたりとさまざまな原因が考えられます。受診してチェックを。

治療・対処
こまめに悪露の状態を確認
茶褐色から赤色に戻っても一時的なら心配いりません。トイレのたびに悪露の状態を確認し、少しでも異常を感じたら受診を。

check point

- 大きくなった子宮が戻るまでに、起こることがあるトラブルを知ろう
- おっぱいのトラブルの原因や対処法を知ろう
- 体の変化にあわてず、食生活を整えて対処しよう

こんなトラブルが起こることも！

腰痛
抱っこやおんぶ、授乳など慣れない育児で腰痛が慢性化するママは多いようです。ストレッチや腰痛ベルトで対策を。

腟のゆるみ
産後すぐは赤ちゃんが通り抜けた分広がりますが、数カ月で元に戻ります。意識して肛門や腟を引き締めるなどしてみましょう。

尿もれ
括約筋がゆるむことで起こり、くしゃみなどふとした瞬間に起こる人も。しばらくすれば治まりますが、意識して肛門や腟を締めると◎。

貧血
産後は分娩時の出血や授乳に鉄がより必要となります。鉄剤や鉄分を多く含む食材を摂取することなどで、防ぎましょう。

虫歯
歯に行き渡るカルシウムなどの栄養分が母乳に運ばれるため、悩まされるママが多いようです。カルシウムを含む食材を多くとり、歯みがきを怠らずに。

抜け毛
ホルモンの変化で産後2〜3カ月は抜けやすくなります。しばらくは気になりますが、必ず生えてくるのであまり心配しないで。

おっぱいのトラブル

産後、ホルモンの働きによって母乳が出るようになりますが、それゆえにトラブルに悩まされることも。

乳腺炎（にゅうせんえん）
乳房の一部や全体が腫れて痛む、かたくなってしこりができるなどの症状があります。

症状：おっぱいが張ってひどく痛む
乳房にズキズキした激痛が走る、しこりがある、熱を持つなどの症状があります。38℃以上の高熱が続くこともあります。

原因は…：おっぱいの中で炎症が起こる
乳頭にできた傷から化膿菌が侵入して乳腺に感染したり、おっぱいが詰まることで細菌が繁殖したりすることで起こります。

治療・対処：赤ちゃんによく飲んでもらう
赤ちゃんにたくさんおっぱいを飲んでもらうほか、抗菌薬を服用して、乳房を湿布で冷やすなどの方法もあります。

乳汁うっ滞（にゅうじゅううったい）
乳腺内に乳汁がたまることで起こります。授乳に慣れていない産後初期に起こりがち。

症状：触ると強い痛みを感じる
乳房が赤く腫れて触ると強い痛みがあります。全身の発熱につながり、38℃以上の高熱が出ることもあります。

原因は…：授乳に慣れない時期に起こりやすい
乳管の開きが悪い、赤ちゃんの吸う力が弱いなどが原因で、乳汁が乳腺内にたまってしまうため起こります。

治療・対処：湿布などでよく温めてマッサージ
はれている部分を温めてマッサージし、たまっている乳汁を排出させます。また、痛くても赤ちゃんに吸ってもらうことです。

乳頭部亀裂症
乳頭の先端や根本に裂けたような傷ができて、出血することもあります。

症状：乳頭先端などに傷ができて荒れる
乳頭の皮膚がただれたり、先端や根本部分などに亀裂ができてひび割れて、ときには出血したりして痛みが生じます。

原因は…：乳頭などの皮膚が裂けてしまう
吸わせ方が悪い、赤ちゃんの吸う力が強いなどで、デリケートな乳頭や乳輪部分の皮膚が耐え切れず傷ができてしまいます。

治療・対処：搾乳して痛みをケアする
痛みが軽いときは搾乳をして、医師から処方された軟膏をぬり、痛みが強いときは搾乳器でしぼってから哺乳びんであげます。

この時期に！ 中期 → 産後

赤ちゃんのお世話のコツを知っておこう

これだけは！コツをつかんでマスターする

慣れるまでは赤ちゃんのお世話ひとつひとつに戸惑い、時間がかかることでしょう。

しかし、どのお世話もやり方をしっかり学び、コツさえつかめばすぐに慣れるようになります。

また、生まれたばかりの赤ちゃんは1日のうちに何度も泣きます。**できる範囲で赤ちゃんがなぜ泣いているか原因を突き止め、こたえてあげることが大切です。** パパも協力してふたりで力を合わせてお世話しましょう。

🚩 生まれてすぐの赤ちゃんのようす

赤ちゃんと上手に生活を送るためにも、生まれたばかりの赤ちゃんの体の秘密を探りましょう！

💚 頭はぺこぺことやわらかい
狭い産道を通ることができるよう、頭蓋骨にすき間があるため、触るとやわらかくぺこぺこしています。

💚 手は握りしめています
生まれつき「握り反射」があるので、常にグーの状態です。手のひらに指をあてるとギュッと握ってきます。

💚 おしり、背中には蒙古斑があります
おしりや背中など広範囲にある青いあざは蒙古斑です。成長とともに大半が自然と消えます。

💚 足は曲げた状態
股関節がやわらかいため、足はいつもM字開脚。足をのばしたまま長時間抱っこするのはNG。

💚 視力がまだ発達してません
視力は0.03ほどで、ぼんやりと見えています。はっきりした色のコントラストや人の顔の形に反応します。

💚 おっぱいを吸う力が備わっている
生まれつき「吸啜反射」という反射が備わっているので、おっぱいをくわえて吸い出すことができます。

💚 おなかはぽっこりとしています
おなかだけぽっこりと風船のように出ています。腹式呼吸なので、呼吸のたびにおなかが上下します。

💚 へその緒は1〜2週間でとれます
ジクジクしていることもありますが、少しずつ乾燥して、生後1〜2週間で自然ととれます。

check point

- [ ] 生まれてすぐの赤ちゃんのようすを知って、お世話に生かそう
- [ ] 手順をしっかり学んでコツをつかみ、お世話を覚えよう
- [ ] ウエアはかわいさだけで選ばず、機能性や肌触りを重視しよう

182

point	首と腰をしっかり支える
	首が座る前の赤ちゃんを抱っこするときは腕で首を、もう一方の腕で腰をしっかり支えます。

抱っこの仕方

大切なのは赤ちゃんの首をしっかり支えること。積極的に抱っこしてあげましょう。

基本の抱き方は2パターン

横抱き

1 頭とお尻を支える
頭の下に手を差し入れて、反対の手でお尻を支えます。おまた側から挟むように差し入れると◎。

2 そっと抱き上げる
ゆっくりと赤ちゃんを抱き上げます。赤ちゃんが安心するように、ママの胸に抱き寄せます。

3 頭をひじの内側へ
手のひらで支えていた頭をママのひじの内側まで移動させ、もう一方の手で背中とお尻としっかり支えます。

縦抱き

1 頭とお尻を支える
頭とお尻の下へ手を入れます。体を赤ちゃんに近づけ、いっしょに体を起こすように抱き上げます。

2 赤ちゃんを抱き寄せる
首をしっかり支えながら、ママと赤ちゃんの顔が向き合うように抱き寄せましょう。

3 首と背中を安定させる
おまたを支えていた手をお尻へ回します。ママの腕に赤ちゃんの体をのせるようにすると安定します。

赤ちゃんはどんなときに泣くの?

いつもと違う泣き方のときは受診を

日常的に泣く理由は、だいたいおなかがすいているかおむつがぬれているかです。嘔吐や血便、風邪のような症状があったら注意しましょう。

- ぐったりしている
- 顔色が悪い
- 熱や嘔吐がある
- 血便がある

赤ちゃんが泣く理由
- おなかがすいた
- おむつがぬれて気持ち悪い
- 眠い
- 暑い
- 寒い
- 不安
- ゲップがうまく出せない
- 昼間の興奮　など

183　4章●産後の過ごし方

先輩ママの おっぱい体験談

夜寝過ぎてカチカチに!
疲れがたまり、うっかり赤ちゃんと爆睡。起きたときにはパンパンに張っていて、痛かったです。すぐに授乳しました。

勢いがよすぎて赤ちゃんの顔にかかった!
赤ちゃんが口から離すとシャワーのように顔にかかってしまいました。搾乳して調整しました。

授乳の方法

はじめはコツがつかめずうまくいかないでしょうが、なるべくたくさん飲ませたいものです。

ミルクの与え方

1 ミルクをつくる
必ず与える直前につくります。ミルク缶の表示のとおりにつくり、正確に計量を。温度を確認します。

2 乳首を根元までくわえさせる
抱っこして、乳房と同様に哺乳びんの乳首を根元までくわえさせます。

3 ミルクを与える
空気が入らないように哺乳びんを傾けて与えます。飲み終わったらゲップをさせます。

おっぱいの与え方

1 赤ちゃんを抱っこ
赤ちゃんを抱っこし、顔を乳房に向かせます。縦抱きでも横抱きでもママと赤ちゃんがラクな姿勢なら◎。

2 乳輪部までくわえさせる
乳房を少し持ち上げて、乳輪部までしっかりくわえさせます。乳房で鼻をふさがないように注意します。

3 そっと口から離す
反対側も吸わせます。飲み終わったら、赤ちゃんの口の端に人さし指を入れて、そっと離します。

授乳の後はゲップを
飲んだ後にしっかりゲップをさせないと、せっかくの母乳を吐いてしまいます。肩にかつぐように抱いて、背中をトントンと叩くと出やすいでしょう。

母乳のよく出る生活は98ページへ

point

赤ちゃんが欲しがるだけ
飲ませ過ぎる心配は不要です。欲しがるときにどんどん飲ませましょう。

授乳間隔は成長とともにあいてくる
最初は1〜2時間おきに授乳することばかりでしょうが、そのうちリズムがつかめて間隔もあくでしょう。

沐浴の方法

生後1カ月までは大人と同じお風呂には入れません。1日1回は沐浴させ、清潔に。

必要なもの ❀ベビーバス ❀石けん ❀沐浴布 ❀温度計 ❀着替え一式 ❀おむつ

1 足先から入れる
湯温を確認してから、片手で頭を支えながら足先からゆっくりと入れます。体に沐浴布などをかけると赤ちゃんが安心します。

2 顔と頭を洗う
ガーゼを絞って顔を拭きます。頭にお湯をかけてぬらし、石けんを泡立てて、生え際、頭頂部、後頭部を洗います。

3 体を洗っていく
首、胸など全体を石けんで洗います。次に赤ちゃんのわきの下に手を入れて支え、ひっくり返して背中やお尻を洗います。

4 上がり湯をかける
ベビーバスの湯とは別の上がり湯を、頭からそっとかけます。湯から出したらすぐにバスタオルで包み、水分を拭きます。

point

首やわきなどをしっかり洗います
首やわきの下は汚れがたまりやすい部分です。強くこすり過ぎないように注意して、くびれをのばすように洗います。

お風呂は1カ月健診でOKが出てから
新生児は細菌への抵抗力や免疫力も弱いので、1カ月健診で医師の許可が出るまではお風呂には入れずに沐浴させましょう。

おむつ交換

赤ちゃんの肌は大変デリケート。こまめに替えて、いつも清潔な状態にしてあげてください。

1日に10回以上も取り替える！

紙おむつの場合

1 汚れを拭く
おむつを開けてお尻を拭きます。女の子は前から後ろ、男の子は後ろから前へ細かい部分も。

2 新しいおむつを敷く
新しいおむつを用意し、取り替える前のおむつの下に敷きます。汚れたおむつを除いて手前から丸めます。

3 テープを止める
おむつの端を手でおさえて体にフィットするようにテープを止めます。もう片方も同様に。

4 指で整える
足まわりのギャザーが内側に入らないように指で形を整えます。ウエストには指2本分ほどゆとりを持たせます。

どっちにする？

紙おむつ
使い捨てなので、洗濯の手間がなく便利です。布おむつに比べてもれにくい点もメリットです。ただ、ゴミが出ること、おむつ代がかかることがデメリットです。

布おむつ
費用は最初だけ。後は洗って繰り返し使えるので経済的。買い足す手間がないのもメリットです。ただし、洗濯の手間がかかり、時間をとられるのがデメリットです。

サイズの目安

月齢	体重	サイズ
0カ月	3kg	50cm
3カ月	6kg	60cm
6カ月	9kg	70cm

🚩 ウエアの選び方

かわいいデザインのものが多く、目移りしてしまいますが、機能性や素材を重視して。

肌着の種類

赤ちゃんは汗をたくさんかきます。また、ミルクの吐き戻しなども多いので、10枚前後用意しましょう。

ボディ肌着
股下をスナップどめするタイプで、体によくフィットします。かぶって着るタイプもありますが、首が座るまでは前開きを。

コンビ肌着
股が二股に分かれており、スナップでとめるタイプ。めくれにくいので、赤ちゃんが動いてもはだけにくいタイプです。

短肌着
基本の肌着。着丈は腰までなので、おむつ替えがラクです。1年中着ることができ、どんなウエアとも合わせて着られます。

基本は大人より1枚少なく着せて!

ねんね期はおむつ交換しやすい着せ方を

首が座るまでの赤ちゃんは、おむつ交換なども多く脱ぎ着がひんぱん。肌着も上に着せるウエアも、スムーズに着替えさせられるデザインや素材のものを選びましょう。

ウエアの種類

首が座るまでは着替えさせやすい前開きタイプを、それ以降は使いやすいものを選びます。

ロンパース
股下が分かれている、つなぎタイプです。足を活発に動かすようになると、基本のウエアになるので、少し大きめサイズを用意しても。

ツーウエイオール
股下のスナップ次第で、ベビードレスにもカバーオールにもなるすぐれもの。1枚を長く着られるという点が、このウエアのメリットです。

知っておきたい ウエアの Q&A

Q2 どんな素材がいい?
A. 吸汗性が高く、肌触りのよい素材がベスト。肌を傷つける恐れのあるタグや縫い目が出ていないかもチェックします。

Q1 手足が冷たい。服を追加すべき?
A. 赤ちゃんは体温調節がまだうまくできないので、手足が冷たくても問題ありません。顔色が悪いなどの症状がない限りは、服を増やさなくてOKです。

Q4 汚れていないので朝着替えなくてもいい?
A. 汚れていなくても、寝ている間に赤ちゃんは、汗をたっぷりかいています。必ず着替えさせます。

Q3 寝るときは多く着せる?
A. 赤ちゃんは体温調節ができないうえに、暑さにとても弱いので、必要ありません。心配ならスリーパーを着せても◎。

point
へその緒の保管

へその緒はしっかり乾燥させないと、カビの原因に。桐の箱は防虫、防腐効果があるので保管におすすめです。

パーツ別ケアの方法

赤ちゃんの体は常に清潔にしておくことが大切です。こまめにケアしましょう。

おへそ
へその緒のつけ根が乾燥するまで

へその緒が取れるまでは毎日沐浴後にケアが必要。退院時にもらえる消毒液を綿棒の先につけ、へその緒のつけ根に綿棒をやさしく回して消毒します。

目
目やにが気になるときに

湿らせたコットンで目頭から目尻を拭きます。上まぶたを引き上げたり、下まぶたを引き下げたりすると汚れがきれいに取れます。

鼻
汚れが気になるときだけ

鼻の穴の入り口に見えている汚れだけを、ベビーオイルなどで湿らせた綿棒で取ります。湿り気があって取りやすい沐浴後のケアがおすすめ。

耳
そっと押さえるようにガーゼで拭く

横向きにして赤ちゃんの頭をしっかり押さえます。石けんで耳たぶや耳のまわりを指でこするように洗い、ガーゼなどで拭きます。耳のひだは綿棒でぬぐいます。

髪の毛
ベビー用ブラシでとかす

沐浴時は泡立てた石けんでやさしく洗います。上がったらタオルで水分をとり、やわらかいブラシで丁寧にとかします。

爪
ベビー用爪切りで少しずつ

爪ののびが早いので、2～3日に1度の頻度でこまめに切ります。ママの親指と人さし指で爪のつけ根を挟み、1～3の順に少しずつ丸く切りそろえます。

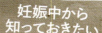

妊娠中から知っておきたい

赤ちゃんとの生活
お悩み解決法

はじめての赤ちゃんとの生活は、どうしたらいいのかわからないこと、不安なこと、迷うことがたくさんでてきます。困ったことがあればひとりで抱えず、家族や医師に相談しましょう。

Q1
同じ方向ばかり向いて寝ます。頭の形が悪くなる?

A. 低月齢の赤ちゃんは頭の骨がやわらかいので、向きグセがあると下側になる部分が平らになりますが、一時的なもので心配いりません。気になる場合は反対側に興味を引きそうなものを置いてもいいでしょう。

Q2
外気浴はどれくらいの時間していいの?

A. 最初は5〜10分から始め、外の空気や音などに慣れたら、徐々に時間を延ばしていきます。日差しや風がおだやかな時間帯にベランダなどに出てみましょう。直射日光には長時間はあてないようにしてください。

Q3
お尻が赤くなってしまった!これっておむつかぶれ?

A. 多少赤くなっている程度ならおうちでのケアで大丈夫ですが、炎症がひどいときは皮膚科を受診してください。おむつはこまめに交換し、お尻はお湯で絞ったガーゼで軽く押すようにやさしくふきましょう。

Q4
どうしてうつぶせ寝はいけないの?

A. あお向けで寝る姿勢に比べ、うつぶせ寝は乳幼児突然死症候群のリスクが高くなるという報告があります。自分で寝返りができるようになるまでは、あお向けに寝かせるようにしましょう。

Q5
抱っこから下ろすと泣きます。どうすればいいの?

A. ママが大変でなければできるだけ抱っこしてあげてください。これは十分にスキンシップができているということなので、できる限り赤ちゃんの気持ちを受け入れてあげるとよいでしょう。

Q6
抱いてばかりいると抱きグセがついてよくない?

A. 少し前までは抱きグセをつけるとよくないと考えられていましたが、赤ちゃんは抱っこしてほしいときに抱っこしてもらえることで信頼感を学びます。抱きグセを気にせずに、どんどん抱っこをしてあげましょう。

Q9 おっぱいやミルクを吐きます

A. これは溢乳とよばれるもので、0～3カ月ごろの赤ちゃんにはよくあることです。胃の容量を超えたものが出てきているだけなので、あまり心配しないで。ただ吐く回数が増えたり、激しいようなら受診しましょう。

Q8 授乳中に寝てしまいます

A. 生まれたばかりの赤ちゃんは哺乳初心者なので、飲んでいるうちに疲れて寝てしまうこともあります。途中で寝てしまったら無理に起こさず、そこで授乳を切り上げてしまってかまいません。

Q7 おしゃぶりをすると口の形が悪くなる？

A. 赤ちゃんはおしゃぶりをすることで安心感を得ています。乳歯が生えそろうまでのおしゃぶりは問題ないでしょう。ただし、乳歯が生えそろう3歳ごろには卒業できるといいでしょう。

Q10 規則正しい生活リズムがなかなか整えられません

A. しばらくは授乳や睡眠は赤ちゃんに合わせてしまって大丈夫。その分、朝はカーテンを開けて部屋を明るくし、夜になったら室内を暗くして眠りやすい環境を整えましょう。昼間にたくさん遊ぶのもいいでしょう。

Q13 おっぱいを飲み過ぎているような気がします。大丈夫？

A. 下痢や嘔吐がなければ問題ありません。ほしがるだけあげましょう。ただ、おっぱいを欲しがるのは甘えたいだけのこともあるので、抱っこしたり遊んであげたりと、他のことも試してみましょう。

Q12 ママの体調が戻らないのでお宮参りの時期をずらしてもいい？

A. 産後は体調が崩れやすい時期でもあります。ママや赤ちゃんの健康を第一に考え、日程をずらすのもよいでしょう。参拝は、天候がよく、ママと赤ちゃんの体調がいい日にするのをおすすめします。

Q11 夜泣きがひどい！泣きやませる方法を知りたい！

A. 夜泣きの原因はわかっておらず、赤ちゃんの睡眠の発達上、避けては通れないもの。寝ぼけたままだと泣き続けるので、一度しっかり起こしてから再び寝かしつけたほうがいいこともあるようです。

赤ちゃんの行事

赤ちゃんの行事は家族の絆を深める大切な行事。体調や家計に合わせてお祝いしましょう。

初節句
生まれてはじめて迎える節句。女の子は3月3日の桃の節句に、男の子は5月5日の端午の節句に、赤ちゃんのすこやかな成長を祈ります。

お食い初め
赤ちゃんが一生食べ物に困らないようにという願いをこめたお祝いです。生後100日または120日目にお祝い膳を用意し、食べさせるマネをします。

お宮参り
赤ちゃんが生まれて30日ごろに初めて氏神様にお参りし、その土地の子になったことを報告します。初穂料を赤ちゃんの名前で包みます。

お七夜
古く平安時代からあった習わしのひとつで、生まれた日から7日めの夜に、赤ちゃんの名前を命名書に書き、壁などにはってお披露目します。

出産内祝いのマナーを知ろう!

出産祝いのお返しとして送るのが「出産内祝い」です。
マナーを知り、相手が喜んでくれるような品を贈りたいものです。

内祝いの「のし」のマナー

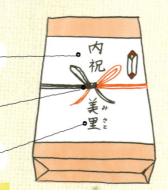

のし
包装紙で包んでから、のし紙を上にかけます。のしをかけることはより丁寧にものを送るということです。

水引
出産のように何度あってもめでたいことには、紅白で蝶結びの水引(みずひき)が使われます。

名前
子どもの誕生をお披露目するので、子どもの名前を入れます。名前の紹介もかねてふりがなつきに。

出産内祝いの意味は?

本来は出産の挨拶と報告

もともとは、元気な赤ちゃんが生まれた報告と挨拶をかねて、お世話になった人をよんでお披露目(うたげ)の宴を開くことを指しました。現在では、出産祝いをいただいた方に、感謝の気持ちを込めて送るお返しのことをいいます。

内祝いの準備の仕方は?

妊娠中から準備を始める

お宮参りを終えてすぐ送りたいので、何を送るかは妊娠8カ月くらいから考えておきます。また、事前に住所を整理しておくとスムーズです。出産祝いが届いたら、リストを作成してもれがないようにします。

内祝いの人気の品は?

名入れギフトや消耗品が人気

赤ちゃんの名前が入っている名入れギフトは、名前のお披露目もできるので人気です。スイーツなどの食品類、タオル、洗剤は定番です。事前に気になる商品をしぼっておきましょう。

内祝いを送る時期は?

お宮参りまでに送るのが目安

生後1カ月くらいに行う、お宮参りまでに送るのがマナーです。この時期を過ぎてしまった場合も、お礼が遅れたことを詫びて送るべきです。

金額はいくらくらい?

いただいた半額程度を送る

いただいた金額の半額くらいを目安にお返しします。最近は3分の1くらいでも問題ないといわれています。多く返し過ぎるのはNGです。

内祝いはいらないと言われたら?

お礼状は必ず送る

先方が真剣に言ってくれている場合は、心からお礼を伝えるだけでもかまいません。お礼状だけでも送るようにしましょう。

5章

妊娠・出産に関する お金と制度

困らない ために！

妊娠から出産には、健診費や分娩費など、さまざまな場面でお金がかかります。しかし、助成によってサポートもされています。助成の申請やお金の受け取りになどについて、事前にしっかり理解しておきましょう。

この時期に！
初期 → 産後

妊娠・出産には いくら必要なの？

妊娠、出産にはいろいろな場面でお金がかかります。これから子どもを育てていくためにも、思わぬ出産にあわてないように何にどれくらいお金がかかるか把握し、計画を立てる必要があります。

例えば、妊娠中は妊婦健診費のほか、マタニティ用品代、出産では分娩、入院費用が主な出費です。産後も紙おむつ代など何かとお金がかかるので、家族全員でうまくやりくりしましょう。

これだけは！何にどれくらいかかるか知ろう

妊娠出産にかかる費用　22〜36万円

妊娠から出産まで平均的にかかる費用です。最低でもこの額は用意しておきたいものです。

妊婦健診費　3〜5万円
妊娠の経過や赤ちゃんの成長を見る、健診費用です。最初は初診料も別途かかるので、多めに用意しておきましょう。（→くわしくはP32へ）

トラブル時の医療費　5〜10万円
妊娠中は、想定外のトラブルが起こることもあります。薬代や治療費のほか、入院したら大きな出費になることも。（→くわしくはP132へ）

マタニティ用品　約3万円
マタニティウエアを通常の服で補うことができれば、出費を抑えられますが、インナーは専用品を買ったほうが◎。（→くわしくはP74へ）

入院準備品　約1〜3万円
マタニティパジャマや産褥(さんじょく)ショーツなど、入院グッズを用意します。産院で貸し出してくれるグッズがあれば、出費を抑えられます。（→くわしくはP108へ）

分娩入院費　5〜10万円
産院や病室、分娩方法などによって大きく額は変わります。出産が夜間や休日になると、割増でかかることもあります。（→くわしくはP84へ）

育児グッズ　5万円
紙おむつや粉ミルクは毎月用意しなければいけないうえに、洗濯の回数が多くなるので光熱費がアップする人も多いようです。（→くわしくはP86へ）

里帰り出産する人はさらに約5万円
里帰りするための交通費はママとパパのふたり分かかります。ほかにも、ママの留守中にかかるパパの生活費などがあります。（→くわしくはP92へ）

check point
- いつ、どれくらいお金がかかるかを把握しておこう
- 育児グッズやマタニティ用品の出費を抑えて節約しよう
- 産後にもお金がかかることを知ろう

192

妊娠出産節約のコツ

将来のためにも、何にお金をかけるかを考えて抑えられる出費は抑えましょう。

1 マタニティ用品は最低限にする

産後も使える授乳口つきのトップスやおなかをカバーするボトムスなど最低限のものだけを買い、それ以外はゆったりしたワンピースなどでのり切ります。

2 旅行や遠出を控える

妊娠中はできるだけ旅行などを控え、お金をかけないようにします。ただ、がまんし過ぎるとストレスがたまってよくないので、買い物などでリフレッシュを。

3 育児グッズはお下がりをもらう

ベビーカーやベビーベッド、洋服などを先輩ママに譲ってもらいます。レンタル業者もあるので、大きな出費となるものはレンタルでお試しすると◎。

産後もこんなものにお金がかかります

家族がひとり増えるその分お金がかかります。紙おむつか布おむつ、完全母乳かミルクなどで額はそれぞれ異なります。

おむつ代 （月）約1万円

紙おむつは毎月数千円かかり、布おむつは最初の準備に5000～1万円ほどかかります。紙おむつは毎月出費があり、一方布おむつは洗濯代がアップします。

ミルク代 （月）約3000円

ミルク代だけでなく、哺乳びんや哺乳びんの洗浄液などの分もかかります。赤ちゃんが成長すればするほど、飲む分も多くなるので消費が早くなります。

内祝いの費用 約5万円

出産祝いをもらった人へのお返し代です。ほかにもお宮参りやお食い初めなど、お祝い事が続くので、お祝いをもらった分だけお返しの額も上がります。

お宮参り代 約3万円

お宮参りは生後1カ月くらいに家族で神社にお参りするお祝いごとです。祈祷料がかかるほか、記念撮影やお参り後の食事会などの料金がかかります。

1カ月健診費 約5000円

産後1カ月に赤ちゃんとママは1カ月健診を受けます。費用は出産した産院で決まっています。保険はききませんが、自治体の助成があるところもあります。

予防接種代 約2万円

赤ちゃんのうちは受けなければいけない予防接種がたくさんあります。そのうち、定期接種は公費で受けられますが、任意接種は自費です。

光熱費アップ （月）約8000円

産後1カ月は、ほぼ毎日家にいて赤ちゃんと生活を送るので、水道代や電気代などの光熱費がいつもの倍くらいかかったという人が多いようです。

妊娠中に考えておきたい 教育費のやりくり

初期 → 産後　この時期に!

> これだけは！
> 子どもが小さいうちに教育費を貯め始める

子どもができて増えるのは生活費だけではありません。少し先ですが、子どもを育て上げるには教育費がかかるのです。大学卒業までにかかる費用は、だいたいひとりにつき1千万円ほどといわれています。子どもが生まれたら、できるだけ早くコツコツと資金を貯め始めましょう。
教育費は長い時間をかけてコツコツと貯めるものです。無理をせず上手なやりくりを。

🚩 子どもの成長と教育費の関わり

なるべく早く貯め始めたい教育費。子どもの成長によってかかる費用を知り、計画的に資金ぐりをしましょう。

妊娠〜小学校時代が貯めどき！

教育費は必要ない時期
おむつやミルク代など育児にはお金がかかりますが、教育費はかかりません。教育費がかからない分、将来のために貯蓄を始めます。

私立は公立の倍かかる
公立か私立かによってかかる費用が異なります。公立では3年間でおよそ69万円、私立では3年間で146万円ほどかかります。

私立と公立で大きな差
公立では6年間でおよそ183万円、私立では6年間で853万円ほどかかります。習い事をさせれば、その分費用が発生します。

学校外活動費が多くなる
公立では3年間でおよそ135万円、私立では3年間で389万円ほど。小学校より学習塾などの学校外活動費がかかる人が多いようです。

授業料以外にも費用が発生
公立では3年間でおよそ116万円、私立では3年間で290万円ほどかかります。どちらの場合も入学金や教科書代が別途かかります。

最もお金がかかる時期
国公立では4年間でおよそ269万円、私立では528万円ほど。生活費も年間100万円ほどかかるので、最も出費が多くなります。

※「平成24年度子どもの学習費調査」（文部科学省）「平成24年度学生生活調査」（日本学生支援機構）より

check point

- 赤ちゃんが生まれたら、教育費を貯め始めよう
- あまり教育費のかからない、妊娠〜小学校時代に貯めておこう
- 教育費を貯めるテクニックを知っておこう

🚩 教育費を上手に貯める5つのテクニック

教育費を貯めるには、コツコツと長期間続けることが大切です。
妊娠中から上手な貯め方を考えてみましょう。

1
手当をもらえる時期を
しっかり確認しておく
☆

妊娠、出産、そして育児には何かとお金がかかりますが、手続き次第で国や自治体からもらえるお金があります。いつまでに申請すればよいか、時期を調べておきます。

2
お金のやりくりは
先輩ママから情報収集
☆

節約方法や家計のやりくりに悩んだら、先輩ママはどうしているか助言をもらいましょう。光熱費の節約方法から節約レシピまで、経験談をリサーチして生活に生かします。

3
習い事は早い時期から
あまり手を出さない
☆

幼稚園や小学校時代は、教育費の貯めどきといわれています。習い事費用は年間で考えると、大きな出費です。本当に必要となる時期まで習わせないのも手です。

4
教育費の口座は
別にしておく
☆

生活費と同じ口座にしていると、積立金の額がわかりづらいうえに、うっかり生活費として使ってしまいがち。教育費専用の口座をつくっておくと、管理がしやすいのでおすすめ。

5
児童手当には
手をつけない
☆

児童手当は0歳～中学卒業までの子どもを養育する世帯に自治体から支給されます。これを生活費などにはできるだけ使わずに、教育費として貯めていくとよいでしょう。

この時期に！ 初期 → 産後

妊娠・出産・育児でもらえるお金を確認

これだけは！ 期限内の手続きを忘れずに

妊娠、出産、そして育児にはお金がかかる分、国や自治体からさまざまなサポートを受けることができます。ただし、それらは手続きが必要で、なおかつ期限内に申請しないともらえないものもあります。何かとお金がかかるので、もらえるお金は欠かさず受け取りたいものです。少しでも損をしないためにも、妊娠中からママを助けてくれる制度について知っておきましょう。

★ あなたの「もらえるお金」をチェック！

ママが専業主婦か、仕事をしているかでもらえるお金の額は異なります。
自分に当てはまるケースをチェックしましょう。

●=もらえる　▲=条件を満たせば　×=もらえない

	専業主婦のママ	仕事を退職したママ	仕事を続けるママ
妊婦健診の助成	●	●	●
出産育児一時金	●	●	●
失業給付の延長申請	×	▲	×
児童手当	●	●	●
乳幼児の医療費助成	●	●	●
出産手当金	×	▲※	●
医療費控除（確定申告）	▲	▲	▲
育児休業給付金	×	×	●
所得税還付申告（確定申告）	×	●	×

チェックリスト（→ くわしくは P206 へ）も活用してください。
※産休に入ってから退職した場合はもらえます。

check point

- 自分がどの制度を受けられるのか、チェックしておこう
- ほとんどの制度は期限内に申請しないともらえないので、注意しよう
- ママが働いているかどうかで、受けられるかどうかが変わる制度もあると知ろう

196

妊婦健診の助成

助成を受けられる人
医療機関で赤ちゃんの心拍が確認され、妊娠が確定した人が対象です。各自治体に住民票がなければいけません。

助成を受けられる金額
自治体によってまちまちです。原則として、妊婦健診14回分程度の額がもらえます。上限額などは自治体で異なるので確認を。

妊婦健診には健康保険がききません

定期的に受けなければならない、妊婦健診。36週以降は週1回受ける必要があり、保険もきかないため費用がかさみます。

そこで、基本的に健診14回分の助成が受けられることになりました。病院の窓口では、実際にかかった金額に対する不足分を自費で払うことになります。

手続きに必要なもの
☐ **妊娠届** など

申請に必要な妊娠届は、役所の窓口に置いてあります。ホームページからダウンロードのほか、電子申請ができることも。

引っ越しや里帰り出産の場合は気をつけて！

引っ越す場合は、引っ越し先の受診票をもらうよう役所で再手続きします。里帰り出産では受診票は使えませんが、助成分を現金で支給してくれるところもあります。

手続きの流れ

1 妊娠時
妊娠が確定したら、住んでいる自治体の窓口に妊娠届を提出します。提出すると母子手帳とともに、受診票をもらいます。

2 妊婦健診
受診票をよく読み、住所や氏名、出産予定日などを記入して健診に持参します。規定など内容をよく読んでおきましょう。

3 会計時
受診時に医師や助産師が必要事項を記入して、会計します。助成不足分を自費で支払うので、多めにお金を持っていくと安心です。

申請の時期
妊娠が確定して、医師や助産師から指示が出たら、住んでいる自治体に申請します。

受け取り時期
自治体に妊娠届を提出すると、母子手帳といっしょに妊婦健診費助成の受診票がもらえます。次の健診から持参しましょう。

申請・問い合わせ
住んでいる市区町村の役所の担当窓口へ問い合わせます。保健所などが窓口の場合もあるので、よく確認を。

出産育児一時金

もらえる人
健康保険や国民保険に加入、またはその被扶養者であること。そして、妊娠4カ月以上になってから出産したママが対象です。

もらえる金額
子どもひとりにつき
42万円

ひとりにつき最低42万円もらえます。双子の場合はその倍です。健康保険や自治体によっては、付加金がつく場合もあります。

申請の時期
支払い方法によって異なり、直接支払制度、受取代理制度は妊娠中に、産後申請方式は退院後、加入先の健康保険に提出します。

受け取り時期
直接支払制度と受取代理制度は、退院時に一時金の分を引いてくれます。産後申請方式は、申請書を提出後、2週間から1カ月くらいで指定口座に振り込まれます。

申請・問い合わせ
加入している健康保険の窓口に相談します。どの方式を導入しているかは産院に問い合わせを。

3つの支払い方法を確認する

保険に加入していて（加入者本人か被扶養者）妊娠4カ月以上で出産（流産）したママなら、だれでももらえます。子どもひとりにつき、基本的に42万円もらえるので大きなサポートになります。支払い方法は産院によって違い、3種類あります。その方法によって申請の仕方などが異なるので確認を。

3つの支払い方法 手続きの流れ

産後申請方式
出産、入院費用を自分で全額支払った後に健康保険組合へ申請して、42万円を受け取る方法です。申請を忘れないように注意が必要です。

健康保険組合から申請書をもらい、入院までに記入しておきます。振込先口座番号などを間違えないようにします。

入院時に申請書を持参し、産院に出生証明欄を記入してもらいます。退院時は自分で入院・分娩費を支払います。

申請書に意思確認書や領収書などを添えて、健康保険組合に提出します。提出後、2週間から1カ月くらいで指定口座に振り込まれます。

受取代理制度
出産する予定の産院を代理人と定めて、出産育児一時金の受け取りを産院に委任する制度です。ママ本人が加入先の健康保険に申請します。

どこの健康保険組合に申請するか、健康保険証を確認し、受取代理用の申請書をもらって記入します。

申請書を産院へ持参して、医師などに必要事項を記入してもらいます。出産予定の2カ月以内に健康保険組合へ提出します。

退院するときに、出産費用が42万円を超過していたら差額を支払います。下回ったら申請しなくとも振り込まれます。

直接支払い制度
産院がママなどの代わりに健康保険へ申請手続きをして、直接産院に支払われる方式です。多くの産院で取り入れられています。

出産を予定している産院が導入しているかを確認します。また、導入していても産後申請方式を選ぶこともできます。

入院までに産院から合意書をもらい、内容をよく読んで必要事項を記入します。記入後、健康保険証とともに提出します。

退院するときに、出産費用が42万円よりも多かったらその差額を支払います。下回ったら申請すれば振り込まれます。

児童手当

❀ もらえる金額 ❀

3歳未満まで 月1万5000円

所得制限限度額以上の人は、年齢にかかわらず子どもひとりにつき、月5000円の支給になります。

3歳～小学校卒業 月1万円

小学校卒業までは月に1万円受け取ることができます。第3子以降は小学校卒業まで月1万5千円になります。

中学生 月1万円

❀ もらえる人 ❀

中学3年生までの子どもを養育している家庭に支給されます。ただ、扶養者の所得制限があるので、役所に確認を。

手続きに必要なもの

- ☐ 印鑑
- ☐ 請求者名義の預金通帳
- ☐ 健康保険証
- ☐ 所得証明書
- ☐ 戸籍抄本

point

里帰り出産のときはパパに申請を頼もう

住んでいる自治体でしか申請できないため、里帰り先で申請することはできません。パパなどに頼んで出生届とセットで申請してもらいましょう。

月末生まれなら「15日特例」を

月末出産に配慮した特例があります。手当は「申請した日の翌月」からの支給が原則ですが、15日以内に申請すれば「出産した日の翌月」から支給を受けることができます。

手続きの流れ

1 妊娠中

出産1～2カ月前くらいになったら、申請に必要なものを確認しておきます。手続き方法なども事前に調べておきましょう。

2 誕生後早めに

出生日の翌日から数えて15日以内に申請すれば、翌月から支給されるのでなるべく早く手続きします。申請が遅れた場合は、1カ月分もらいそこねてしまうことになるので注意します。

3 産後

申請後の翌月から、支給を受けられます。ただし、4カ月分をまとめた金額が年に3回振り込まれる方式です。

3歳未満まで 月1万5000円の支給

中学3年生までの子どもを持つ世帯に、一律の金額が毎月支給されます。この制度には所得制限があります。ふたりとも働いている場合は、所得の高いほうの年収が基準です。例えばパパと専業主婦のママ、子どもふたりの家庭で年収が960万円以上の場合は、どの年齢でも月5000円支給されます。不明な点は役所に確認を。

申請の時期

子どもが生まれたらなるべく早く。出生日の翌日から数えて15日以内に請求すれば翌月から受給することができます。

受け取り時期

年に3回まとめて受け取ります。10～1月の4カ月分は2月に、2～5月の4カ月分は6月に、6～9月の4カ月分は10月に。

申請・問い合わせ

住んでいる自治体の担当窓口へ問い合わせましょう。公務員の人は勤め先で申請、問い合わせします。

乳幼児の医療費助成

手続きに必要なもの

☐ **子どもの名前がのった健康保険証**
☐ **印鑑**

赤ちゃんの健康保険加入は必須です。自治体によって必要なものは異なるので、申請前に確認しておきましょう。

point
どの健康保険に入る?

パパが会社員、ママが専業主婦の場合、子どもはパパの会社の健康保険に加入、ふたりとも働いている場合は収入の高いほうの扶養家族として加入するのが一般的です。

手続きの流れ

妊娠中　1

自治体によって助成内容はさまざまです。助成金額や子どもの対象年齢、所得制限の有無などを調べておきます。

赤ちゃん誕生後　2

赤ちゃんが生まれたらなるべく早く、健康保険加入の手続きを行います。健康保険証が届いたら、住民票のある役所へ行き、医療費助成の申請をします。申請後、数週間したら乳幼児医療証が届くので、病院へ行くときは必ず持参するようにしましょう。会計時に見せれば、助成が受けられます。母子手帳に入れておくと忘れません。

心配…

助成を受けられる人

健康保険に加入している子どもで、対象年齢は自治体によってさまざまです。また、世帯主の所得制限がある場合もあります。

助成を受けられる金額

小学校就学前までの自己負担は全国一律で2割ですが、一定年齢までは、医療費の全額、または一部を助成してくれます。

出生後は早く健康保険に加入させる

子どもにかかった医療費のうち、全額または一部を自治体が負担してくれる制度です。対象になるのは健康保険に加入している子どもなので、生まれたらすぐに加入手続きをとるようにしましょう。

助成の対象年齢や金額は、自治体によって異なります。0歳、3歳までというところもあれば、中学卒業まで無料のところもあります。

申請の時期

出産後、できるだけ早くママとパパ、どちらかの健康保険に加入させます。健康保険証を入手したら自治体で手続きをします。

受け取り時期

受け取りには会計時にその場で助成を受けるか、役所に事後申請をして後日振り込まれるかの2パターンがあります。

申請・問い合わせ

対象年齢は自治体によるので、あらかじめ、住んでいる役所の担当窓口に問い合わせましょう。

医療費控除（確定申告）

もらえる人
家族全員の医療費（実際に支払った分）が1年間で10万円を超えた人が対象です。通院のための交通費なども含まれます。

戻ってくる金額
かかった医療費から出産育児一時金、保険などで受け取ったお金と、10万円を引いた額を所得から差し引けるので税金が戻ります。

手続きに必要なもの
- ☐ 確定申告書
- ☐ 医療費の明細記入用紙
- ☐ 医療費などの領収書
- ☐ 領収書のない、交通費についてのメモ書き
- ☐ 源泉徴収票
- ☐ 保険金などで補てんされる金額のわかるもの
- ☐ 印鑑

申告用紙は事前に手に入れます。医療費などの領収書は原本が必要ですが、バスや電車代などはメモ書きでOKです。

手続きの流れ

1 1〜12月
1月1日から12月31日までにかかった家族全員分の医療費の領収書を集めて、合計します。源泉徴収票をもらっておきます。

2 翌年1月
確定申告書を入手します。税務署の窓口のほか、ホームページからダウンロードできるので利用しましょう。

3 翌年2月16日以降
2月16日になったら、確定申告書に必要事項を記入して税務署へ提出します。1〜2カ月後に還付金が振り込まれます。

領収書をこまめに保管しておくこと

1〜12月のうちに家族全員でかかった医療費が10万円を超えていたら、「医療費控除」という確定申告制度を利用することができます。妊婦健診費や薬代など妊娠、出産した年は医療費を多く払っているので、ぜひ利用したい制度です。

申告には領収書が必要です。妊娠中から保管する癖をつけましょう。

申請の時期
翌年の1月以降に税務署へ申告します。例年、受付期間は2月16日から3月15日までです。

受け取り時期
税務署に受理されれば、申告してから1〜2カ月後くらいに、申告者名義の口座に振り込まれます。

申請・問い合わせ
申告時期になると相談窓口が設けられることが多いので、自分の住んでいる地を管轄する税務署に気軽に問い合わせましょう。

point

認められているもの
●妊婦健診費 ●入院、分娩費 ●トラブルが起こったときの受診、入院、分娩費 ●通院交通費 ●トラブルが起こったとき、陣痛が始まったときのタクシー代 ●不妊症の治療費 ●入院中の治療に必要なものの購入費（傷薬など）……など

認められていないもの
●妊娠検査薬 ●マタニティ用インナー ●マイカー通院でのガソリン代、駐車場代 ●入院時の身のまわり品の購入費 ●人間ドック、健康診断の費用 ●病気予防、健康維持のためのビタミン剤 ●美容が目的の治療費……など

申請に必要なものも多いので確認しておこう！

出産手当金

もらえる金額
①月給÷30＝日給
②日給の3分の2×休んだ日数分で割り出します。休業希望日数などで額は異なります。

もらえる人
勤め先の健康保険に加入していて、原則として、産後も仕事を続ける意思がある人です。

産休中の生活費が支給される

産休中は給料が出ないことが多いので、その間の生活費が支給される制度です。勤め先の健康保険に加入していれば、パートや契約社員でも受給可能です。出産予定日によって支給額は異なります。

申請の時期　産後56日が経過したら、勤め先の健康保険担当窓口などに提出します。産休開始の翌日から2年以内が申請期限です。

受け取り時期　申請から約2週間〜2カ月後に受け取ることができます。

申請・問い合わせ　勤め先の健康保険担当窓口や各健康保険組合、協会けんぽ、共済組合などの窓口で行います。

手続きに必要なもの
- ☐ 健康保険出産手当金支給申請書
- ☐ 健康保険証
- ☐ 母子健康手帳
- ☐ 振込先口座番号
- ☐ 印鑑　☐ 出勤簿（写し）　☐ 賃金台帳（写し）

手続きの流れ

産休前、退職前に会社の健康保険窓口などで申請書をもらっておき、必要事項を記入して入院時に持っていけるようにします。入院中に医師や助産師に記入してもらい、産休後、勤め先へ持参か郵送で提出します。

失業給付金の延長

もらえる金額
①月給÷30＝日給
②日給×給付率（0.5〜0.8）＝基本手当日額
③基本手当日額×日数で金額を割り出せます。

もらえる人
退職後も働く意思があり、雇用保険に加入している人です。パートやアルバイトの人は雇用保険に入っているかの確認を。

再就職するママの生活をサポート

通常、失業給付金は退職の翌日から1年という期間しか出ず、それまでにもらい終えなければいけません。しかし妊娠中、出産後のママはすぐに就職することがむずかしいので、受給期間を最長4年まで延長できるのです。

申請の時期　退職の翌日から30日を経過した後の、さらに翌日から1カ月の間に行わないと、延長を受けられません。

申請・問い合わせ　ハローワークで行います。特に給付率は自分ではわからないものなので、ハローワークに問い合わせを。

手続きに必要なもの
《延長申請》
- ☐ 母子健康手帳
- ☐ 印鑑
- ☐ 雇用保険被保険者離職票
- ☐ 雇用保険被保険者証
- ☐ 本人名義の貯金通帳
- ☐ 求職申し込み書
- ☐ 印鑑

《給付申請》
- ☐ 雇用保険被保険者離職票
- ☐ 運転免許証など本人確認できる書類

手続きの流れ

退職するときに離職票をもらい、決められた期限内にハローワークで延長手続きをします。産後、求職活動を開始後に、ハローワークで失業給付の受給を申請します。定期的に失業認定を受けたら、その後で給付金が振り込まれます。

所得税還付申告（確定申告）

もらえる金額
「源泉徴収で前払いした所得税から、実際の所得税を差し引いた金額」が戻ってくる金額となります。

もらえる人
勤め先を退職して、再就職していない人。また、退職前の給与から所得税を引かれていた人が対象です。

退職したママは所得税をチェック

退職した人が在職中に支払った所得税が、実際の収入に対して多かったときに戻してもらう制度です。妊娠を機に退職したママは、自分で確定申告をして取り戻しましょう。退職時にもらった源泉徴収票をチェックします。

申請の時期
翌年の1月〜5年以内が期限です。確定申告をしないと、翌年の住民税が高いままの状態で課税されてしまいます。

受け取り時期
申告してから1〜2カ月後くらいに指定の口座に振り込まれるので、還付金を受け取れます。

申請・問い合わせ
自分が住んでいる地域の税務署です。不明なことがあったら、確定申告の時期に設けられる相談窓口で気軽に相談を。

手続きに必要なもの
- [ ] 確定申告書
- [ ] 源泉徴収票
- [ ] 申告者本人名義の通帳
- [ ] 印鑑
- [ ] 生命保険などの控除関係書類

手続きの流れ
退職時にもらった源泉徴収票をチェックし、所得税が引かれていたら申告します。退職後に自分で社会保険料を払っていたら、それも申告対象です。翌年1月ごろに確定申告書を入手し、税務署に提出します。

育児休業給付金

もらえる金額
育休開始から180日は月給の3分の2。それ以降は月給の5割が支給されます。

もらえる人
雇用保険に加入していて、育児休業をとっており、職場復帰する人が対象です。パパでもかまいません。

育児休業中に経済的な助けとなる

育児休業開始から180日は月給の3分の2、それ以降は月給の5割程度の額が支給される制度です。育児休業中の生活をサポートしてくれます。ただし、1カ月に11日以上働いていた月が12カ月以上あることが受給の条件です。

申請の時期
産休に入る1カ月前までには、職場に申し出て必要な書類を担当部署に提出しておきます。どれくらい育休をとるかも決めます。

受け取り時期
育休を開始して、初回は2〜5カ月後にもらえます。その後は2カ月ごとに支給されることになります。

申請・問い合わせ
勤め先の担当部署やハローワークです。勤め先に提出後のハローワークへの提出は、勤め先がしてくれることがほとんどです。

手続きに必要なもの
- [ ] 雇用保険被保険者休業開始時賃金月額証明書
- [ ] 育児休業給付受給資格確認票
- [ ] 育児休業基本給付金支給申請書（初回）
- [ ] 出勤簿（写し）
- [ ] 賃金台帳（写し）
- [ ] 母子健康手帳（写し）

手続きの流れ
申請用紙や受給資格確認表などを社内でもらっておき、育児休業の期間を上司などと決めておきます。産後、必要事項を記入したら、育休に入る前に職場に必要書類を提出します。

初期 → 産後
トラブル時に役立つ制度を覚えておこう

これだけは！ トラブルに備えてお助け制度を知る

妊娠、出産にトラブルはつきものです。予期せぬトラブルで急な出費が発生することも少なくありません。万が一に備えられるよう、ママを助けてくれる制度を覚えておきましょう。

例えば、医療費が一定額を超えた場合に受け取れる「高額療養費」、妊娠中に病気で仕事を休んだ場合に支給される「傷病手当金」など、ママをサポートしてくれる制度はかりです。

高額療養費

🌸 受けられる人 🌸
妊娠中から産後までの間に、長期入院などで1カ月（1日から月末まで）の医療費がたくさんかかった人です。

🌸 受けられる金額 🌸
自己負担限度額（一般所得者で月8万100円+α）を超えた額の分だけ支払われます。

入院が長引いてもお金の心配は無用

妊娠中から産後までに起こったトラブルで長期入院し、医療費が高額になるケースはめずらしくありません。この制度では、1カ月あたりの自己負担限度額を超えた場合は、超えた分のお金が戻ってくるので安心です。

申請の時期
退院した後に、健康保険窓口などに申請します。入院中に事前申請もできます。

受け取り時期
事前申請の場合は、精算時に限度額を上限とする金額の支払になります。

申請・問い合わせ
健康保険の管轄先へ問い合わせましょう。国民保険の場合は自治体の窓口へ。

手続きの流れ

事前申請
入院予定期間を医師に確認し、加入している健康保険などで申請書をもらいます。認定証を入院時に提示すると、高額療養費の精算がすんだ金額でOKに。

事後申請
医療費の自己負担分を支払い、領収書をもらいます。健康保険か役所で申請書をもらい、申請すれば支給されます。

手続きに必要なもの
《事前認定の場合》
- ☐ 限度額適用認定申請書
- ☐ 健康保険証

《事後申請の場合》
- ☐ 高額療養費支給申請書
- ☐ 医療費の領収書

これは 保険がきく！ 忘れずに保険会社に申請を。

妊娠中
● つわり（重症妊娠悪阻）● 切迫流産・流産 ● 子宮頸管無力症 ● 妊娠高血圧症候群 ● 切迫流産 ● 前期破水……など

出産
● 微弱陣痛で陣痛促進剤を使用 ● 死産 ● 吸引分娩 ● 帝王切開……など

---

check point
- ☐ 万が一のトラブルを助けてくれる制度を知っておこう
- ☐ 医療費が高額になったら戻ってくる制度を知っておこう
- ☐ 受給できる金額などはよく変更されるので確認しよう

児童扶養手当

❀ もらえる人 ❀
シングルマザー、またはシングルファーザーの家庭に。ただし、受給には所得制限があります。

❀ もらえる金額 ❀
子どもひとりの場合は最高で4万1020円、ふたり目は5000円、それ以降は3000円加算されます。

ひとり親の生活をサポートする

離婚などでひとり親になった家庭に支給されます。離婚や死別のほか、配偶者からのDVで裁判所から保護命令が出された場合にも適用されます。所得や子どもの人数によって、支給額が異なります。

申請の時期
申請した月の翌月からもらえるので、早めに手続きしたほうがよいでしょう。

受け取り時期
4月、8月および12月の年3回にそれぞれの前月分までの分が支払われます。

申請・問い合わせ
住んでいる市区町村の役所の担当窓口へ。厚生労働省のホームページにも概要が載っています。

傷病手当金

❀ もらえる人 ❀
勤め先の健康保険に加入していて、医師に安静、入院が必要と診断された人。

❀ もらえる金額 ❀
「月給÷30」で日給を出します。その日給の3分の2に相当する額が1年半もらえます。

無給分が戻ってくる制度

妊娠中につわりなどの体調不良や長期入院などで会社を3日以上休み、その間の給料が出なかった場合に4日目から支給される制度です。有給休暇が残っている人は先に有給休暇を使ってからの適用。

申請の時期
3日休業し、4日目以降から2年以内に申請します。休んだあと出社してからでも、申請すればお金が戻ってきます。

受け取り時期
申請してから約2週間〜2カ月後に受け取れます。

申請・問い合わせ
勤め先の人事や総務などの担当窓口に。または各健康保険組合、勤め先を管轄する協会けんぽ、共済組合へ。

未熟児養育医療制度

❀ 受けられる人 ❀
生まれてきた赤ちゃんの体重が2000g以下など、入院して養育を受ける必要があると医師に診断されたとき。

❀ 受けられる金額 ❀
原則として、指定の養育医療機関における入院、治療費が公費負担となり、窓口での支払いが無料になります。

入院、治療が必要な赤ちゃんの医療費をサポート

赤ちゃんの出生体重が2000g以下の場合、入院して養育を受ける必要がある場合に、その入院・治療費を、自治体が負担してくれる制度です。

申請の時期
自治体によって異なりますが、基本的に生まれたらできるだけ早く申請する必要があります。

申請・問い合わせ
住んでいる地域を管轄する保健所に申請します。

手続きに必要なもの

- ☐ 未熟児養育医療給付申請書
- ☐ 未熟児養育医療意見書（医師が記入）
- ☐ 世帯調査書
- ☐ 保険証
- ☐ 印鑑
- ☐ 家族全員の所得税額を確認する書類（源泉徴収票など）

妊娠・出産で必要な

手続きチェックリスト

期限内に手続きを行うことでもらえるお金や戻ってくるお金があります。もれのないように気をつけます。(→ くわしくはp196へ)

✓		もらえる額	条件	申請先	申請時期・期限
	妊婦健診費の助成	健診費14回分程度	妊娠が確定し、各市区町村に住所のある人	住んでいる市区町村の役所窓口	妊娠確定後、次回健診までに
	出産育児一時金	1児につき原則42万円	健康保険加入者で妊娠4カ月以上で出産（流産）した人	産院や加入している健康保険会社の窓口	出産翌日から2年以内
	児童手当	月額1万〜1万5000円	15歳以下の子どもを養育していること	住んでいる市区町村の役所窓口	出生月、あるいは出生日の翌日から15日以内
	乳幼児の医療費助成	病院に支払う赤ちゃんの医療費全額、または一部	健康保険に加入している子ども	住んでいる市区町村の役所窓口	産後なるべく早く（期限は自治体で異なる）
	医療費控除（確定申告）	医療費控除の還付金	医療費が年に10万円を超えた世帯	住んでいる地域の税務署	翌年2月16日〜3月15日まで
	失業給付金の延長	日給の5〜8割×規定の日数分	雇用保険に加入していて、産後、再就職の意思がある人	住んでいる地域のハローワーク	退職日翌日から30日を経過後の翌日から、さらに1カ月の間
	出産手当金	日給の3分の2相当×休んだ日数分	勤め先の健康保険に加入していて、産後も仕事を続ける人	勤め先の健康保険担当窓口、または各健康保険組合窓口など	産休開始の翌日から2年以内
	育児休業給付金	月給の3分の2、あるいは5割相当額×休んだ月数	雇用保険に加入していて、育児休業後も働き続ける人	勤め先の担当窓口を通して、住んでいる地域のハローワークに	育休に入る前までに
	所得税還付申告（確定申告）	払い過ぎた所得税分	退職時に所得税を源泉徴収されていて、再就職していない人	住んでいる地域の税務署	翌年1月〜5年以内

	もらえる額	条件	申請先	申請時期・期限
高額療養費	自己負担限度額を超えた金額	医療費が高額となり、支払いが自己負担限度額を超えた人	健康保険の管轄先（国民健康保険なら市区町村の役所）	医療費の自己負担分を支払った翌日から2年以内
未熟児養育医療制度	原則、指定の養育医療機関の入院、治療費が無料に	入院して養育を受ける必要があると診断された赤ちゃん	住んでいる地域の保健所	赤ちゃんが誕生したらすぐ（期限は自治体で異なる）
傷病手当金	日給の3分の2相当×休んだ日数分	勤め先の健康保険に加入していて、傷病のために無給で連続3日を超えて休んだ人	勤め先の健康保険担当窓口	3日休業後、4日目〜1年6カ月以内
児童扶養手当	月額9680〜4万1020円（年によって変動あり）	シングルマザー、またはシングルファーザー	住んでいる市区町村の役所窓口	赤ちゃんが誕生したらすぐ（翌月から支給を受けられる）

申請もれなし！ お仕事ママと専業主婦ママ スケジュール

専業主婦ママ

🌸 **妊娠中**
- ☐ 妊婦健診費や家族全員の医療費の領収証を集めておく
- ☐ 出産育児一時金の直接支払制度を利用したい場合、出産予定の産院が利用できるか確認する
- ☐ 児童手当申請に必要なものと手続き方法を確認しておく

🌸 **入院中**
- ☐ 出産育児一時金の直接支払制度の手続きをする

🌸 **産後**
- ☐ 出生届を出す
- ☐ 児童手当の申請
- ☐ 赤ちゃんの健康保険証を持って役所で「乳幼児の医療費助成」の申請をする

退職ママ

🌸 **妊娠中**
- ☐ 妊娠検診費や家族是認の医療費の領収証を集めておく
- ☐ 出産育児一時金の直接支払制度を利用したい場合、出産予定の産院が利用できるか確認する
- ☐ 児童手当申請に必要なものと手続き方法を確認しておく
- ☐ 退職後の健康保険と年金を選択し、加入する
- ☐ ハローワークで失業給付の延長手続きをする
- ☐ 退職者の所得税還付申告をする

🌸 **入院中**
- ☐ 出産育児一時金の直接支払制度の手続きをする

🌸 **産後**
- ☐ 出生届を出す
- ☐ 児童手当の申請
- ☐ 赤ちゃんの健康保険証を持って役所で「乳幼児の医療費助成」の申請をする
- ☐ 落ち着いたらハローワークで失業給付の受給を申請する

継続して働くママ

🌸 **妊娠中**
- ☐ 妊婦健診費や家族全員の医療費の領収証を集めておく
- ☐ 出産育児一時金の直接支払制度を利用したい場合、出産予定の産院が利用できるか確認する
- ☐ 児童手当申請に必要なものと手続き方法を確認しておく
- ☐ 出産手当金の申請書をもらい、記入できるところは記入しておく
- ☐ 育児休業給付金の申請書をもらい、記入できるところは記入しておく

🌸 **入院中**
- ☐ 出産手当金の申請書を医師に記入してもらう
- ☐ 出産育児一時金の直接支払制度の手続きをする

🌸 **産後**
- ☐ 出生届を出す
- ☐ 児童手当の申請
- ☐ 赤ちゃんの健康保険証を持って役所で「乳幼児の医療費助成」の申請をする
- ☐ 出産手当金の申請をする
- ☐ 育児休業給付金の申請をする

入院準備チェックリスト

絶対に必要なもの	✓
母子健康手帳	
診察券	
健康保険証	
現金	
印鑑	
必要書類	
携帯電話・充電器	

← まずは絶対に必要なものをチェック！

陣痛がラクになるものやその後の入院生活を快適に過ごせるものなど、入院準備にはさまざまなアイテムが必要です。

必要度の見方
★★★ ＝ 絶対必要
★★ ＝ 必要
★ ＝ あれば便利

入院後すぐ～分娩前後に使うもの

グッズ名	必要度	必要数	✓	メモ
マタニティパジャマ	★★★	3枚		
産褥（さんじょく）パッド・生理用ナプキン	★★★	各1パック		
産褥ショーツ	★★★	3枚		
髪をまとめるもの	★★	1個		
タオル	★★	4枚		
ペットボトル用ストローつきキャップ	★★	1個		
スリッパ	★★	1足		
靴下	★★	3足		
ゴルフボール・テニスボール	★★	1個		
カメラ・ビデオカメラ	★	1台		
眼鏡	★★	1個		
リップクリーム・ハンドクリーム	★	1個		

産後入院中に使うもの

グッズ名	必要度	必要数	∨	メモ
授乳用ブラジャー	★★★	3枚		
入浴・洗面用具	★★★	1セット		
基礎化粧品・メイク道具	★★	1セット		
筆記用具	★	1セット		
ティッシュペーパー	★★	1箱		
羽織りもの	★★	1枚		
母乳パッド	★★	1パック		
骨盤矯正ベルト	★	1個		
円座クッション	★★	1個		
授乳クッション	★	1個		
紙おむつ	★★★	1パック		
おしりふき	★★★	1パック		
むくみ防止用靴下	★	1足		

退院時に使うもの

グッズ名	必要度	必要数	∨	メモ
退院時のママの服	★★★	1セット		
おくるみ	★★	1枚		
赤ちゃん用の肌着・ウエア	★★	各1枚		

育児グッズ チェックリスト

たくさんある育児グッズだからこそ、ムダ買いや買いもれがないようにチェックリストを参考にそろえましょう。

必要度の見方
★★★ ＝ 絶対必要
★★ ＝ 必要
★ ＝ あれば便利

衣類

名称	必要度	✓
肌着	★★★	
ツーウェイオール・ロンパース	★★★	
おくるみ	★★	
セレモニードレス	★	
ベスト・カーディガン	★★	
スタイ	★★★	
靴下・ミトン	★	

ねんねグッズ

グッズ名	必要度	✓
ベビー布団セット	★★★	
防水シーツ	★	
ベビーベッド	★★	
ベビージム	★★	
バウンサー	★★	
スリーパー	★	

紙おむつ

グッズ名	必要度	✓
紙おむつ	★★★	
紙おむつ専用ごみ箱	★	

布おむつ

グッズ名	必要度	✓
布おむつ	★★★	
布おむつカバー	★★★	
つけ置き用バケツ	★★★	
布おむつライナー	★	

その他おむつグッズ

グッズ名	必要度	✓
おしりふき	★★★	
おむつ替えマット	★★	
おしりふきウォーマー	★	
おむつ収納ボックス	★	

ミルクグッズ

グッズ名	必要度	✓
❀ 哺乳びん・乳首	★★★	
❀ 哺乳びん消毒グッズ	★★	
❀ 粉ミルク	★★★	
❀ 哺乳びん洗浄グッズ	★★	

お出かけグッズ

グッズ名	必要度	✓
❀ ベビーカー	★★★	
❀ 抱っこひも	★★★	
❀ チャイルドシート	★★★	

memo

沐浴グッズ

グッズ名	必要度	✓
❀ ベビーバス	★★★	
❀ ベビーソープ	★★★	
❀ ガーゼ	★★★	
❀ 沐浴布	★★	
❀ 温度計	★★	

衛生グッズ

グッズ名	必要度	✓
❀ ベビー用綿棒	★★★	
❀ ベビー用爪切り	★★★	
❀ スキンケア剤	★★	
❀ 鼻吸い器	★	

母乳グッズ

グッズ名	必要度	✓
❀ 母乳パッド	★★	
❀ 授乳クッション	★★	
❀ 授乳ケープ	★★	
❀ 搾乳器	★★	

※サイズや数は個人差があるので
状況に応じて買い足しましょう。

妊娠・出産 用語集

妊娠中に知っておくと役に立つ、便利な用語をまとめました。

あ〜お

アクティブバース
体を固定せず、自分が最もラクだと思う姿勢で産む出産方法のひとつ。フリースタイル出産ともいいます。座ったり横を向いたりと、好きな姿勢をとれるのでリラックスして産むことができます。

安定期（あんていき）
一般的に妊娠16週（5カ月）以降をいいます。つわりの症状が治まり、落ち着いて生活できるうえに、胎盤が完成するので流産の確率が低くなります。

医療費控除の確定申告（いりょうひこうじょのかくていしんこく）
1～12月のうちに家族全員にかかった医療費が10万円を超えたら、医療費控除という確定申告制度が利用できます。

内祝い（うちいわい）
出産祝いをいただいた方に贈るお返しのこと。産後1カ月のお宮参りまでに贈り、いた

だいた半額程度のものを返すのが一般的です。

育児休業給付金（いくじきゅうぎょうきゅうふきん）
育児休業中に月給の5割相当額が毎月支給される制度です。育児休業中の生活をサポートします。

異所性妊娠（いしょせいにんしん）
受精卵が卵管や卵巣など、子宮内膜以外に着床してしまうことです。子宮外妊娠ともいいます。出血や下腹部痛を起こします。卵管内に着床した場合は、赤ちゃんの成長によって卵管破裂が起こる危険があるので、早めの処置が必要です。

戌の日（いぬのひ）
妊娠5カ月めの戌の日に安産を願って、神社などにお参りすること。妊婦帯などを着用してお参します。

エコー写真（えこーしゃしん）
おなかの中の赤ちゃんを超音波検査で写した写真。妊婦健診の際にもらえます。赤ちゃんのようす以外にも、大きさなどさまざまな情報を知ることができます。

NICU（えぬあいしーゆー）
低出生体重児や治療を必要としている赤ちゃんがケアを受けます。部屋は温湿度が一定で細菌感染などしないように厳重管理されています。

LDR（えるでぃーあーる）
陣痛、出産、産後回復までを同じ部屋で過ごす出産方法のこと。陣痛室から分娩室などの移動の手間が省けてラクです。事前に産院に設備があるかどうか、確認を。

おしるし
子宮口が開き始めるときに出る、血液の混じったおりもののことです。お産が近いというサインで、おしるしがあった数日後に陣痛が始まるといわれています。

悪露（おろ）
産後、子宮内や産道から排出されるおりもの状の出血のこと。最初は真っ赤で量も多いですが、時間がたつごとに黄色、白色となり、量も減っていきます。

か〜こ

会陰切開（えいんせっかい）
腟口から肛門までの会陰を切開して、大きく裂けたりお産が長びいたりするのを防ぎます。事前に産院から、会陰切開をするという説明があるとがわかります。

吸引分娩（きゅういんぶんべん）
金属製、あるいはシリコン製の吸引カップを赤ちゃんの頭に当てて引き出す方法です。鉗子分娩と同様、お産が長びいたときなど、母子ともにリスクがあるときに行います。

緊急帝王切開（きんきゅうていおうせっかい）
経腟分娩の予定でも、分娩中に何らかのトラブルが起こって、急きょ行うことになった帝王切開のこと。

経腟分娩（けいちつぶんべん）
産道を通って腟から赤ちゃんが出てくる分娩のこと。

血液型不適合妊娠（けつえきがたふてきごうにんしん）
母体に存在しない血液型抗原が赤ちゃんに存在する場合をいいます。Rh（−）のママがRh（＋）の赤ちゃんを妊娠すると、赤ちゃんに問題が生じる可能性が高いので、妊娠中に血液検査などで調べる必要があります。

鉗子分娩（かんしぶんべん）
鉗子という器具を赤ちゃんの頭に挟んで引っ張りだす方法。赤ちゃんをすぐに出してあげたほうがよいときなどに、子宮収縮に合わせて行う方法です。

基礎体温（きそたいおん）
朝、目覚めて体を動かす前の

最も安静にしているときに口の中で婦人体温計ではかる体温のことです。この体温の変化によって、排卵の有無や月経の時期、妊娠しやすい時期がわかります。

212

高額療養費（こうがくりょうようひ）

妊娠中から産後までの間に長期入院などをして医療費が一定の自己負担額を超えた場合に、超えた分が健康保険から戻ってくる制度です。トラブルが起こっても安心です。

後陣痛（こうじんつう）

産後に起こる陣痛によく似た痛み。子宮が妊娠前の大きさに戻ろうとして子宮収縮するために起こります。

骨盤位（こつばんい）

通常、赤ちゃんは頭を下にしていますが、それに対して頭を上に、足を下にしている姿勢のことをいいます。さかごともいいます。ほとんどは、出産までに自然と戻ります。

骨盤支持ベルト（こつばんしじべると）

妊娠中は骨盤が広がるので、専用のベルトをつけて骨盤を締めます。腰痛対策や体型戻しにとても役立つので、妊娠中から使いたいアイテムです。

さ〜そ

臍帯（さいたい）

赤ちゃんと胎盤をつなぐ、へその緒のこと。臍帯を通して母体から赤ちゃんに栄養や酸素が与えられます。出産と同時に切られた後は、縛られて赤ちゃんのへそにくっついていますが、そのうち自然ととれます。

さかご

医学用語では「骨盤位」といいます。出産時でも頭位にならない場合は、帝王切開になります。

里帰り出産（さとがえりしゅっさん）

帰省して実家近くの産院で出産することです。産後1カ月まで実家で過ごすので、段取りをしっかりする必要があります。

産後うつ（さんごうつ）

産後、ホルモンバランスが激変すること、育児の不安などでうつ状態になることも。マタニティブルーズより重症で産後1〜2カ月になるママが多いですが、自然と落ち着くようです。

産褥期（さんじょくき）

妊娠、出産によって変化したママの体が元に戻ろうとする期間のこと。産後6〜8週間ほどかかるといわれています。この時期は無理をせず安静にしましょう。

産褥ショーツ（さんじょくしょーつ）

股の部分が開閉でき、おなかを包み込むほど股上が深いのが特徴です。産褥パッドを支えることができ、また下着を脱がずに診察できるのでとても便利です。

産褥熱（さんじょくねつ）

分娩時に子宮や産道についた傷が細菌感染することで起こる感染症です。38℃以上の高熱が2日以上続くと、産褥熱の可能性があります。

産褥パッド（さんじょくぱっど）

生理ナプキンよりも大きく、厚みがあるおむつのような大きさのナプキンです。出産直後に悪露をケアするために使います。

産道（さんどう）

分娩時に子宮から赤ちゃんが出てくるまでの通り道のこと。骨盤まわりの骨産道、子宮口や腟あたりの軟産道に分

けられます。

子宮頸管無力症（しきゅうけいかんむりょくしょう）

妊娠中期におなかの張りがないのに、子宮口が自然と開いてしまうことです。子宮口を縛る手術で流産や早産を防ぐことがあるので、住んでいる地域の役所に問い合わせを。

子宮口（しきゅうこう）

子宮の出口のこと。お産が進むにつれてどんどん開き、最終的には10cmほど開きます。

子宮収縮（しきゅうしゅうしゅく）

子宮の筋肉が収縮することで、おなかがかたく張ったように感じ、特に妊娠後期に多くみられます。流産や早産を予防するために薬で収縮を抑制することもあります。

子宮底長（しきゅうていちょう）

恥骨上端から子宮の一番上までの長さのことです。子宮底長を測定すると、おおよその赤ちゃんの発育や羊水の量を調べることができます。

失業給付金の延長（しつぎょうきゅうふきんのえんちょう）

妊娠、出産するとすぐには再就職できないため、通常は1年以内にもらい終えなければいけない給付金を4年まで延

長できる制度です。

児童手当（じどうてあて）

中学3年生までの子どもをもつ世帯に一律の金額が毎月支給されます。扶養者の所得制限があるので、住んでいる地域の役所に問い合わせを。

児童扶養手当（じどうふようてあて）

離婚や死別などでシングルマザー、シングルファーザーになった人をサポートする制度です。受給には所得制限があります。

シムスの体位（しむすのたいい）

体の左側を下にして横になる体勢のことです。下の足を伸ばし、上の足を抱きまくらなどの上に乗せて曲げるとさらにラクです。おなかが大きくなる妊娠後期におすすめ。

出産育児一時金（しゅっさんいくじいちじきん）

数十万円はかかる出産費用を健康保険が補助してくれる制度です。健康保険に加入していて、妊娠4カ月以上で出産したママなら子どもひとりにつき、基本的に42万円が支払われます。

出産手当金（しゅっさんてあてきん）

産休中は無給のところが多いので、その間の生活をサポートする制度です。勤め先の健康保険に加入していれば、契約社員やパートでも支給対象になります。

出産予定日（しゅっさんよていび）

月経の周期が28日の場合、最終月経の開始日を0週0日として280日めを予定日とします。あくまで目安なので、赤ちゃんの大きさや排卵日などで修正することもあります。

出生届（しゅっせいとどけ）

生後14日以内に住んでいる地域の役所に提出する届け出。提出することで赤ちゃんの名前が両親の戸籍に載ります。提出期限は必ず守り、またミスのないようにします。

授乳用ブラジャー（じゅにゅうようぶらじゃー）

授乳がしやすい作りになっているブラジャー。前にボタンがついている「フロントオープンタイプ」やカップをずらすだけで授乳できる「クロスオープンタイプ」などがあります。

常位胎盤早期剥離（じょういたいばんそうきはくり）

赤ちゃんが子宮内にいるにもかかわらず、胎盤がはがれてしまうこと。母子ともに危険なので、妊娠後期に突然おなかが強く張って、痛みを感じた場合は受診を。

傷病手当金（しょうびょうてあてきん）

妊娠中に体調不良や長期入院などで会社を3日以上休み、その間の給料が出なかった場合に適用されます。有給が残っている人は有給の消費が先です。

静脈瘤（じょうみゃくりゅう）

大きくなった子宮に圧迫されることで、足などの静脈がこぶのようにふくれあがる症状をいいます。肥満や長時間の立ち仕事などで悪化することがあります。

初産（しょざん）

はじめて出産することです。2度め以降は「経産」といいます。

助産院（じょさんいん）

助産師が開業している施設。助産師は医療行為ができないため、妊娠経過が順調な妊婦さんが対象です。総合病院などよりアットホームな雰囲気が人気です。

所得税還付申告（しょとくぜいかんぷしんこくのかくていしんこく）

退職時に所得税を源泉徴収されていて、再就職していない人は払い過ぎた所得税が返ってきます。妊娠を機に退職したママは源泉徴収票をしっぽりドロッとしていていてきちんと保管し、チェックを。

初乳（しょにゅう）

産後1週間くらいに出る母乳のこと。通常の母乳より黄っぽくドロッとしていています。産後数時間後の初乳が最も抗体の濃度が高いといわれています。

新生児黄疸（しんせいじおうだん）

生後間もない赤ちゃんの肌が黄色くなることです。これは赤ちゃんの肝臓が未熟なために起こる生理的な現象で、1週間前後で自然と消えます。

心拍（しんぱく）

赤ちゃんの心臓が拍動することと。赤ちゃんの心拍が確認されると、妊娠が確定します。妊娠6～7週くらいに確認できるようこと。

陣痛（じんつう）

赤ちゃんを子宮の外に押し出すために、子宮が収縮すると起こる痛みのこと。最初は不規則ですが（前駆陣痛）、徐々に規則的な痛みに変わり陣痛を乗り切ります。

陣痛室（じんつうしつ）

陣痛が始まって入院したら、分娩室に入る前に過ごす部屋。子宮口が全開になるまでは陣痛室でいきみ逃しなどをして陣痛を乗り切ります。

陣痛促進剤（じんつうそくしんざい）

子宮の収縮を強める薬。陣痛がなかなか始まらない、強くならないときに使用します。

微弱陣痛（びじゃくじんつう）

お産が始まってもなかなか陣痛が強くならず、赤ちゃんが下りてこられない状態のこと。妊娠37週未満で起きた場合、早産を引き起こすこともあります。お産が長引くと母子ともにリスクが生じるので、陣痛促進剤を使ったり、鉗子分娩や吸引分娩で赤ちゃんを外に出したりします。

水中分娩（すいちゅうぶんべん）

体温ほどの温水を張った専用のプールで出産すること。心も体もリラックスでき、陣痛による痛みもやわらぐことが魅力ですが、専門家の管理下で行う必要があります。

切迫早産（せっぱくそうざん）

早産になりかかっている状態のこと。妊娠22週以降におなかの張り、子宮口が開いてくるなどの早産兆候が見られます。急いで病院へ行き、早産を予防しましょう。

切迫流産（せっぱくりゅうざん）

流産がさし迫っている状態のこと。出血や下腹部の痛みなどがあったら、すぐに病院へ行き、主治医に相談を。自宅安静や入院などで治療しします。妊娠を継続できることが多いのであわてず対処しましょう。

前期破水（ぜんきはすい）

陣痛が始まる前に破水すること。妊娠37週未満で起きた場合、早産を引き起こすこともあります。

前駆陣痛（ぜんくじんつう）

おなかの張りや痛みが強くな

ったり弱くなったり、間隔も不規則な陣痛。前駆陣痛がない人もいます。陣痛が10分間隔と規則的になったら、産院へ連絡を。

前置胎盤（ぜんちたいばん）

胎盤が子宮口付近にある場合のこと。前置胎盤では原則、帝王切開となります。また、妊娠中、お産前後に大出血を起こすことがあるので、輸血の準備が必要です。

早産（そうざん）

妊娠22〜36週までに起こる出産。生まれてくる赤ちゃんは低出生体重児の場合、NICUでの治療が必要です。長時間の立ち仕事や激しいセックスは早産を引き起こす要因となるので、妊娠後期は特に避けましょう。

ソフロロジー

妊娠中からのイメージトレーニングでリラックスし、痛みをやわらげる出産方法。陣痛の痛みを「赤ちゃんを生み出すためのエネルギー」ととらえて、お産への不安や恐怖をなくします。

た〜と

胎芽（たいが）

妊娠10週未満の赤ちゃんのことです。この時期はまだ人間の形をしておらず、エコー写真では点のように見えます。

胎教（たいきょう）

おなかの赤ちゃんに音楽を聞かせたり話しかけたりして赤ちゃんとコミュニケーションをとることです。教育というよりママがリラックスできることが目的です。

胎動（たいどう）

おなかの中で赤ちゃんが動くこと。個人差はありますが、妊娠20週くらいから感じ取ることができます。

胎嚢（たいのう）

赤ちゃんを包んでいる子宮内の袋のことで、GSともいいます。妊娠5〜6週くらいに確認できます。エコー写真で赤ちゃんのまわりにある黒い部分です。

胎盤（たいばん）

妊娠すると子宮内に形成される重要な臓器です。胎盤につながっている臍帯で赤ちゃんとママを結んでおり、赤ちゃんは臍帯を通して栄養摂取や呼吸を行っています。だいたい妊娠15週くらいで完成します。

胎便（たいべん）

生後間もない赤ちゃんが出す、黒っぽい緑色の便。羊水や腸液が便となって出るので、しばらくすると通常の便の色になります。

多胎妊娠（たたいにんしん）

双子以上を妊娠すること。妊娠高血圧症候群にかかりやすく、また切迫早産や早産になる可能性が高くなります。帝王切開になることが多いです。

立ち会い出産（たちあいしゅっさん）

パパや家族などが付き添ってお産すること。陣痛中はママが痛いところをマッサージしたり、リラックスさせてあげたりし、分娩室では励ましたり水分補給をしたりして精いっぱいサポートします。

つわり

妊娠によって起こる吐き気や嘔吐などの症状。妊娠初期（4〜6週ころ）のママに見られ、安定期に入る12〜16週くらいには治まります。原因ははっきりとはわかっていませんが、自然と治まるので無理せず乗り切りましょう。

帝王切開（ていおうせっかい）

おなかを切って赤ちゃんを出してあげる分娩方法。何らかの理由で経腟分娩がむずかしいと判断された場合に行われます。あらかじめ予定されている予定帝王切開と、経腟分娩の途中で緊急に行われる緊

急帝王切開とがあります。

低出生体重児（ていしゅっせいたいじゅうじ）

出生体重が2500g未満の赤ちゃんのこと。体温の調節や呼吸機能などが未熟なため、生まれてしばらくは保育器の中で育てられます。

超音波検査（ちょうおんぱけんさ）

超音波の特性を活かして、体内を診察する検査法。妊婦健診ではおなかの赤ちゃんの成長具合や、妊娠経過に問題がないかどうかなどを調べます。

鉄欠乏性貧血（てつけつぼうせいひんけつ）

鉄分が不足して、立ちくらみやめまいなどの貧血の症状を起こすこと。血液中のヘモグロビン濃度が11.0g/dl未満だと鉄欠乏性貧血と診断されます。妊娠中は貧血になりやすいので、食事などでカバーを。

な〜の

内診（ないしん）

医師が腟に指や器具を入れて直接触り、診察すること。子宮の大きさやかたさ、子宮口の具合などを調べます。

乳汁うっ滞（にゅうじゅううったい）

産後1〜2日ころに乳汁が乳腺内に溜まること。授乳に慣れていない産後初期によく見られる症状です。乳房全体が赤くはれて、触ると痛みます。

乳腺（にゅうせん）

母乳を作る組織の総称。妊娠するとホルモンの影響で発達し、母乳を出す準備が始まります。ママの血液を母乳に変えて、乳腺まで運ぶ働きがあります。

乳腺炎（にゅうせんえん）

乳腺に乳汁が詰まったり、乳頭が傷ついて細菌感染したりすることで、おっぱいがはれてひどく痛む症状。38℃以上の高熱が出ることも。

乳頭（にゅうとう）

乳首のこと。片方の乳頭には、乳管の開口部が15〜20ほどあり、すべてが開通すると母乳の出がよくなります。乳頭の大きさや形は人によってさまざまなので、赤ちゃんが吸いやすい状態にしておきます。

乳幼児の医療費助成（にゅうようじのいりょうひじょせい）

子どもにかかった医療費の全額、または一部を自治体が負担してくれる制度。助成の対象年齢や金額は、自治体によって異なります。

妊娠悪阻（にんしんおそ）

つわりの症状が悪化して、食べ物や水分を全くとれなくなったり何度も以上吐いたりする状態です。脱水状態になる恐れがあり点滴治療や入院が必要になります。

妊娠高血圧症候群（にんしんこうけつあつしょうこうぐん）

妊娠20週以降に高血圧と認められ、尿たんぱくなども伴って見られる症状。以前は妊娠中毒症と呼んでいました。もともと肥満の人や高血圧、糖尿病などを患っている人はなりやすいため要注意。予防するには、体重増加を抑え、規則正しい生活を送ることが大切になります。

妊娠線（にんしんせん）

おなかが急激に大きくなって、皮膚が無理に伸ばされることでおなかまわりや胸などにできる赤みを帯びた線。妊娠中の体重増加をコントロールして、保湿することが予防のカギ。

妊娠糖尿病（にんしんとうにょうびょう）

妊娠中に血糖値が高くなり、糖尿病と同じ状態になること。妊娠高血圧症候群を併発したり、生まれてくる赤ちゃんが巨大児になったりする可能性があります。

妊娠届（にんしんとどけ）

住んでいる地域の役所に届け出ると、母子健康手帳がもらえます。胎児の心拍を確認してから届け出ることが多いですが、医師からの指示に従います。

妊婦健診（にんぷけんしん）

妊娠すると赤ちゃんとママの健康状態をチェックするため、定期的に診察を受けます。健全なマタニティライフを送り、安産を迎えるためにも欠かさず受診を。

妊婦帯（にんぷおび）

おなかが大きくなってくる妊娠5か月くらいから着用する、おなかを支える帯のこと。おなかの冷えを予防するとともに、腰への負担を軽減できます。

ノンストレステスト

陣痛のない状態で赤ちゃんの心拍数や動きを調べるテスト。お産に耐えられるかどうかを確認し、本番に備えます。問題がある場合は、帝王切開を行うこともあります。

母親学級（ははおやがっきゅう）

妊娠中の生活や体調管理、赤ちゃんのお世話などが学べる講座。産院や自治体などが行っており、医師や助産師などから直接指導を受けられます。友達ができたり、不安や悩みを解消できたりと気分転換にもなります。

BMI（びーえむあい）

肥満度を判定する目安。体重(kg)÷身長(m)の二乗で割り出せます。妊娠中の体重増加をコントロールする参考にしましょう。

は〜ほ

バースプラン

どんなお産をしたいかというママ自身の希望をまとめた計画のこと。出産方法や入院、出産時の処置、入院する部屋、分娩に立ち会う人など出産から産後まで具体的に計画を立てます。

破水（はすい）

赤ちゃんを包んでいる卵膜が破れて、羊水が流れ出ること。通常は、陣痛がきてから破水しますが、陣痛より先に破水することもあります。破水したら、すみやかに産院に連絡し対処します。

腹囲（ふくい）

おなかの一番ふくらんでいる部分の周囲の長さ。妊婦健診で測定し、子宮の大きさや羊水量などの目安にします。

分娩室（ぶんべんしつ）

分娩を行う部屋。子宮口が全開近くになったら陣痛室から移動します。

娩出（べんしゅつ）

赤ちゃんを母体から外に生み出すこと。胎盤、羊水、卵膜なども娩出物とされます。

胞状奇胎（ほうじょうきたい）

卵膜や胎盤を作る絨毛が異常増殖し、水泡状の粒が子宮内に充満する病気。つわりが強い、妊娠週数のわりに子宮が大きいなどの症状が見られると、胞状奇胎が疑われます。

ま〜も

母子健康手帳（ぼしけんこうてちょう）
妊娠届を提出すると住んでいる役所から交付される冊子。妊娠中の経過や健康状態などを記録するので、妊婦健診の際には必ず持参を。

母子同室・母児同室（ぼしどうしつ・ぼじどうしつ）
産後、赤ちゃんといっしょの部屋で過ごすこと。産院によっては同室か別室か選べるところもあります。

母性健康管理指導連絡カード（ぼせいけんこうかんりしどうれんらくカード）
働くママに対して勤務時間の短縮や時差通勤などが必要と主治医に指導されたときに発行されるカード。指導事項の内容を事業主へ明確に伝えることができます。

母乳外来（ぼにゅうがいらい）
産後、退院しても助産師に母乳について相談することができるサービスや相談所。各地域に設けられているので、母乳育児や授乳などの悩みがあったら迷わずいつでも相談しましょう。

母乳ケア（ぼにゅうケア）
産後、スムーズに授乳できるように妊娠中から乳房や乳頭のケアをすること。おなかの張りに注意します。

マタニティアクア
妊娠中にプールで行うエアロビクス運動。母体への負担が少なく、体重のコントロールやお産に向けての筋力アップなどの効果が期待できます。

マタニティヨガ
妊婦のためのヨガプログラム。妊娠中の体に負担をかけないポーズが中心で、習うことで、一時的に落ち込んだり情緒不安定になったりすること。

マタニティブルーズ
産後にホルモンバランスの変化や母親になることへのプレッシャーなどで、一時的に落ち込んだり情緒不安定になったりすること。

無痛分娩（むつうぶんべん）
麻酔によって陣痛の痛みを緩和する出産方法。ほとんどは局所麻酔なので、ママの意識ははっきりしており、麻酔による赤ちゃんへの影響もありません。

沐浴（もくよく）
生まれて間もない赤ちゃんをベビーバスなどを使ってお風呂に入れることです。生後1カ月くらいまでは抵抗力が弱いので、大人と同じお風呂に入れるのは控えます。

や〜よ

未熟児養育医療制度（みじゅくじよういくいりょうせいど）
赤ちゃんの体重が2000g以下など、入院して養育を受ける必要があると判断された場合に、公費でその費用を負担してくれる制度。他にも子宮内での外の衝撃から赤ちゃんを守っていて、クッションとなって外の衝撃から赤ちゃんを守る役割があります。

羊水（ようすい）
さかごや多胎妊娠など、妊娠中から経腟分娩がむずかしいと判断され、帝王切開が予定されていること。

羊水過少（ようすいかしょう）
羊水の量が基準値より少ない状態。原因不明のことが多いのですが、赤ちゃんの腎臓に何らかの問題があることもあります。

羊水過多（ようすいかた）
羊水の量が基準値より多い状態。赤ちゃんが羊水を飲み込む力が弱いこと、ママに糖尿病があることなどが原因とされます。早産を招きやすいので注意が必要です。

羊水検査（ようすいけんさ）
羊水を採取して、その中に含まれる胎児細胞の染色体を調べる検査。染色体の数や構造に異常があるかどうかわかります。妊娠初期に希望者のみがカウンセリング後に受ける検査で、異常があったときにどのような決断をするかはむずかしい問題です。

葉酸（ようさん）
ビタミンB群の栄養素のひとつ。妊娠3カ月までに摂取することで、神経管の先天異常の発症リスクを低下させる効果があります。緑黄色野菜や豆類などに多く含まれます。

予定帝王切開（よていていおうせっかい）
さかごや多胎妊娠など、妊娠中から経腟分娩がむずかしいと判断され、帝王切開が予定されていること。

ら〜ろ

ラマーズ法（らまーずほう）
独自の呼吸法によって、リラックスしてお産に臨むこと。妊娠初期の流産の多くは赤ちゃんの染色体異常などが原因であることがほとんどです。

流産（りゅうざん）
妊娠22週になる前に、何らかの理由で妊娠が終わること。妊娠初期の流産の多くは赤ちゃんの染色体異常などが原因であることがほとんどです。

臨月（りんげつ）
妊娠36週以降の10カ月目の時期。お産がいつ始まるかわからないので、万全の準備を。

両親学級（りょうしんがっきゅう）
各自治体の保健所や産院などで行われる、両親参加型の教室。パパもいっしょにお産の流れや赤ちゃんのお世話などを学べます。

ATL ······	117
お食い初め ······	189
お七夜 ······	189
お尻ふき ······	87
おしるし ······	120、156
おなかの痛み ······	121、129
おなかの張り ······	99、121、123
お宮参り ······	189
おむつ ······	87、185、193
悪露 ······	180

INDEX

妊娠と出産に関する用語を
50音順に並べています

Baby

❀ か ❀

外回転術 ······	143
外出 ······	69、113
外診 ······	33
回旋異常 ······	147
ガスケアプローチ法 ······	106
風邪 ······	137
カンジダ検査 ······	117
カンジダ膣炎 ······	141
鉗子分娩 ······	167
感染症 ······	136
ガーゼ ······	87
キッキング ······	63
キックゲーム ······	65
吸引分娩 ······	167
教育費 ······	194
巨大児 ······	125
空気感染 ······	136
口・歯のトラブル ······	127
クラミジア検査 ······	117
クラミジア感染症 ······	141

❀ あ ❀

足がつる ······	127
アロマセラピー ······	76
安産 ······	110
安定期 ······	18、56
いきみ逃し ······	154、162
育児休業給付金 ······	203
育児グッズ ······	86〜89、90、192
異所性妊娠(子宮外妊娠) ······	132、148
1カ月検診 ······	175、193
医療費 ······	192
医療費控除(確定申告) ······	201
インフルエンザ ······	137
内祝い ······	175、190、193
HIV(エイズ) ······	117、141
会陰切開 ······	166、179
エステ ······	71
LDR ······	85

子宮筋腫 ･･････････････････････ 135
子宮頸がん ･･････････････････････ 135
子宮頸がん検査 ･･････････････････ 117
子宮頸管無力症 ･･････････････････ 133
子宮頸部円錐切除後 ･･････････････ 135
子宮口 ･･････････････････ 145、149
子宮収縮 ･･････････････････････ 121
子宮腺筋症 ･･････････････････････ 135
子宮底長測定 ･･････････････ 33、116
子宮内膜症 ･･････････････････････ 135
子宮復古不全 ･･････････････････ 180
自己免疫性疾患 ･･････････････････ 135
自宅安静 ･･････････････････････ 131
失業給付金 ･･････････････････････ 202
児童手当 ･･････････････ 195、199
児童扶養手当 ･･････････････････ 205
市販薬 ･･････････････････････････ 48
持病 ･･････････････････････････ 135
しゃっくり様運動 ･･････････････････ 63
絨毛膜羊膜炎 ･･････････････････ 121
出血 ･･････････････ 120、129、146
出産育児一時金 ･･････････ 108、198
出産グッズ ･･････････････････････ 108
出産手当金 ･･････････････････････ 202
出生届 ･･････････････････ 78、176
授乳 ･･････････ 88、97、184、189
常位胎盤早期剥離 ･･････････ 123、134
傷病手当金 ･･････････････････････ 205
初期流産 ･･････････････････････ 129
助産院 ･･････････････････････････ 37
所得税還付申告（確定申告）･･･････ 203
腎疾患 ･･････････････････････････ 135
陣痛 ･･････････････････ 113、144

クリニック ･･････････････････････ 37
経腟分娩 ･･････････････････ 84、143
血圧測定 ･･････････････････ 32、116
血液型不適合妊娠 ･･････････････ 133
血液検査 ･･････････････････ 34、117
解熱鎮痛剤 ･･････････････････････ 49
健診時のファッション ･･････････････ 33
高額療養費 ･･････････････････････ 204
後期流産 ･･････････････････････ 129
高血圧 ･･････････････････････････ 135
甲状腺機能障害 ･･････････････････ 135
抗生物質 ･･････････････････････ 49
腰の痛み ･･････････････････････ 126
個人病院 ･･････････････････････ 37
骨産道 ･･････････････････････････ 145
骨盤 X 線検査 ･･････････････ 34、117

❀ さ ❀

サイトメガロウイルス ･･････････････ 140
さかご ･･････････････････ 142、149
授かり婚 ･･････････････････････ 41
里帰り出産 ･･････････････････････ 92
サプリメント ･･････････････････････ 49
産院 ･･････････････････････ 36、84
産休 ･･････････････････････････ 57
産後うつ ･･････････････････････ 179
産褥期 ･･････････････････････････ 178
産褥熱 ･･････････････････････････ 180
産婦人科病院 ･･････････････････ 37
痔 ･･････････････････････････ 126
ジェルネイル ･･････････････････････ 71
子癇 ･･････････････････････････ 123

219 ♪ INDEX

た

退院・・・・・・・・・・・・・・・・・・・・・・・・・・・・・172、175
胎芽(たいが)・・・・・・・・・・・・・・・・・・・・・・・・・・・・・・・・・・・・12
大学病院・・・・・・・・・・・・・・・・・・・・・・・・・・・・・・・・・37
胎教・・・・・・・・・・・・・・・・・・・・・・・・・・・・・・・・・・・・・・64
体重コントロール・・・・・・・・・・・・・・・・・・・・・・・52
体重測定・・・・・・・・・・・・・・・・・・・・・・・・・・・32、116
胎動・・・・・・・・・・・・・・・・・・・・・・・・・・・・・・・・・・・・・・62
胎盤・・・・・・・・・・・・・・・・・・・・・・・・・・・・・・・・・・・・146
抱きグセ・・・・・・・・・・・・・・・・・・・・・・・・・・・・・・・188
立ち会い出産・・・・・・・・・・・・・・・・・・・・・154、164
たちくらみ・・・・・・・・・・・・・・・・・・・・・・・・・・・・・127
抱っこ・・・・・・・・・・・・・・・・・・・・・・・・・・・・183、188
乳首・・・・・・・・・・・・・・・・・・・・・・・・・・・・・・・・・・・・・97
恥骨(ちこつ)の痛み・・・・・・・・・・・・・・・・・・・・・・・・・・126
膣(ちつ)炎の薬・・・・・・・・・・・・・・・・・・・・・・・・・・・・・・49
膣内からの出血・・・・・・・・・・・・・・・・・・・・・・・120
膣の緩み・・・・・・・・・・・・・・・・・・・・・・・・・・・・・・・181
チャイルドシート・・・・・・・・・・・・・・・・・・・・・・・88
着床出血・・・・・・・・・・・・・・・・・・・・・・・・・・・・・・・120
超音波検査・・・・・・・・・・・・・・・・・・・・33、58、116
超音波写真・・・・・・・・・・・・・・・・・・・・・・・・・59、61
超音波ドップラー検査・・・・・・・・・・・・・・・・・33
つめ切り・・・・・・・・・・・・・・・・・・・・・・・・・・・・・・・・87
つわり・・・・・・・・・・・・・・・・・・・・・・・・・・・・・・・・・118
ツーウェイオール・・・・・・・・・・・・・・・・・87、186
2Dエコー・・・・・・・・・・・・・・・・・・・・・・・・・・・・・・59
帝王切開・・・・・・・・・・・・・・・・・84、143、168、172
低血糖・・・・・・・・・・・・・・・・・・・・・・・・・・・・・・・・125
低出生体重児・・・・・・・・・・・・・・・・・・・・・・・・・147
鉄剤・・・・・・・・・・・・・・・・・・・・・・・・・・・・・・・・・・・・49
転院・・・・・・・・・・・・・・・・・・・・・・・・・・・・・・・・・・・・92

陣痛促進剤・・・・・・・・・・・・・・・・・・・・・・・・・・・167
心拍確認・・・・・・・・・・・・・・・・・・・・・・・・・・・・・116
心拍数・・・・・・・・・・・・・・・・・・・・・・・・・・・・・・・147
C型肝炎・・・・・・・・・・・・・・・・・・・・・・・・・117、141
GBS検査・・・・・・・・・・・・・・・・・・・・・・・・・・・・・117
水中分娩・・・・・・・・・・・・・・・・・・・・・・・・・・・・・・・85
垂直感染(母子感染)・・・・・・・・・・・・・・・・・・・136
水痘(水ぼうそう)・・・・・・・・・・・・・・・・・・・・・139
睡眠薬・・・・・・・・・・・・・・・・・・・・・・・・・・・・・・・・・49
スキンケア・・・・・・・・・・・・・・・・・・・・・・・・・・・・70
3Dエコー・・・・・・・・・・・・・・・・・・・・・・・・・・・・・・60
性器ヘルペス・・・・・・・・・・・・・・・・・・・・・・・・・140
正常妊娠・・・・・・・・・・・・・・・・・・・・・・・・・・・・・・・58
会陰(えいん)裂傷・・・・・・・・・・・・・・・・・・・・・・・・・・・145
せき止め薬・・・・・・・・・・・・・・・・・・・・・・・・・・・・・49
セックス・・・・・・・・・・・・・・・・・・・・・・・・・66、131
接触感染・・・・・・・・・・・・・・・・・・・・・・・・・・・・・136
切迫早産・・・・・・・・・・・・・・・・・・・・・・・・・49、130
切迫流産・・・・・・・・・・・・・・・・・・・・・・・・・49、128
前期破水・・・・・・・・・・・・・・・・・・・・・・・・133、157
前駆(ぜんく)陣痛・・・・・・・・・・・・・・・・・・・・・・149、158
前置(ぜんち)胎盤・・・・・・・・・・・・・・・・・・・・・・・・・・134
総合病院・・・・・・・・・・・・・・・・・・・・・・・・・・・・・・・37
早産・・・・・・・・・・・・・・・・・・・・・・・・123、125、130
ソフロロジー式呼吸法・・・・・・・・・・・・・・・・107
ソフロロジー式分娩・・・・・・・・・・・・・・・・・・・85

220

は

梅毒 ･･････････････････････ 117、140
排臨 ････････････････････････････ 155
破水 ････････････････ 113、133、153
肌着 ･･････････････････････ 87、186
肌トラブル ･･･････････････････ 127
初節句 ･････････････････････････ 189
発露 ････････････････････････････ 155
鼻のトラブル ･･･････････････ 127
バースプラン ･･･････････････ 114
皮膚のぬり薬 ･･･････････････ 49
飛沫感染 ･･･････････････････ 136
美容トラブル ･･････････････ 70
貧血 ･･･････････････ 117、126、181
頻尿 ････････････････････････ 126
BMI ･････････････････････････ 50
B 型肝炎 ･･･････････････ 117、141
B 型溶連菌 ･････････････ 141
風疹 ･･･････････ 117、138、148
腹囲測定 ･････････････ 33、116
浮腫検査 ･･････････････ 32
太り過ぎ ･･･････････････ 51
フリースタイル分娩 ･･･････ 85
分娩予約 ･･････････ 84
ヘアケア ･･･････････････ 70
へその緒 ･･････････ 187
ベビーウエア ･･･････ 87、186
便秘 ･･･････････････････ 126
便秘薬 ･･･････････････ 49
胞状奇胎 ･･････････ 132
母子健康手帳 ･･････ 38
母乳 ･････････････ 96、98

点眼薬 ･･･････････････ 49
伝染性紅斑（りんご病）･･･ 139
点鼻薬 ･･･････････････ 49
トキソプラズマ症 ･･･ 117、140
糖尿病 ･･･････････････ 135

な

内診 ･･･････････････ 34、116
名づけ ･･･ 78 ～ 81、177
軟産道 ･･･････････ 145
入院 ･･････････ 108、170
入院グッズ ･･･ 109、152
入院予約 ･････････ 108
乳汁うっ滞 ･･･････ 181
乳腺炎 ･･･････････ 181
乳頭部亀裂症 ･･････ 181
乳幼児の医療費助成 ･･･ 200
尿ケトン ･･･････････ p148
尿検査 ･･･････ 32、116、124
尿もれ ･･･････ 126、181
妊娠悪阻 ･･･････ 118
妊娠検査薬 ･･･････ 9
妊娠高血圧症候群 ･･ 122、125
妊娠週数 ･･････････ 9
妊娠線 ･････ 70、72、127
妊娠糖尿病 ････････ 124
妊娠判定前の気がかり ･･ 30
妊婦健診 ･･･ 32、116、123、125、192、197
脳血管障害 ･････････ 123
ノンストレステスト ･･ 34、117、149

両親（母親）学級	82
旅行	68
臨月	112〜113
淋病	140
リーブ法	85
ロンパース	186
ローリング	63

わ

ワーキング妊婦	54

本陣痛	158

ま

麻疹（はしか）	138
マタニティウエア	74
マタニティフィットネス	102
マッサージ	71、76
未熟児養育医療制度	205
ミルク	88、184、193
むくみ	127
虫歯	181
無痛分娩	85
目のトラブル	127
めまい	127
沐浴	185
問診	33

や

やせ過ぎ	51
羊水	133、149
腰痛	181
予定日超過	134
夜泣き	189
予防接種	137、193

ら

ラマーズ法	85
卵巣嚢腫	135
流行性耳下腺炎（おたふくかぜ）	138
流産	125、128

222

memo

制作協力

笠井 靖代
日本赤十字社医療センター　第三産婦人科　部長。
医学博士、産婦人科専門医、臨床遺伝専門医・指導医、周産期（母体・胎児）専門医。

丸茂元三 (P12-29、58-61)
丸茂レディースクリニック院長。産婦人科専門医、超音波専門医。3D（立体画像）、4D（立体動画をDVD化してくれる）の超音波外来が受けられます。
☎ 03-5575-5778　http://www.marumo-ladies.jp/

ガスケアプローチ協会 (P106、162)
ガスケアプローチとは、フランスの医師でヨガトレーナーでもあるド・ガスケ医師が開発した会陰部・骨盤底筋群のエクササイズです。呼吸と姿勢に注目し、産後に起こり、生涯女性を苦しめる尿もれや腰痛、お腹のたるみなどを予防します。
日本ガスケアプローチ協会
http://www.gasquet-japon.com
日本でも、指導できる助産師や理学療法士がいます。

**一般社団法人
日本マタニティフィットネス協会** (P103-105)
1981年よりマタニティビクスをはじめとする、妊娠や出産による体の変化、ダメージ、そしてニーズにフィットする運動プログラムを医師と運動の専門家が研究開発し、指導者育成や資格認定などの活動を展開。妊娠中やお産に向けた体力アップと不定愁訴の予防・改善、産後の体型戻しや機能回復など、健やかな体づくりを応援します。
☎ 03-3725-1103　http://www.j-m-f-a.jp/

畠中 雅子 (P192-207 監修)
ファイナンシャルプランナー。セミナー講師のほか、新聞、雑誌、ウェブにて連載をもつ。妊娠・出産ほか、子育てのお金情報にくわしい。

商品画像協力

株式会社スタイラ
（エルバビーバ・P73）
http://www.stylainc.jp/

WELEDA（ヴェレダ・P73）
http://www.weleda.jp/

ピジョン株式会社（P74 授乳用ブラジャー・マタニティショーツ、P75 妊婦帯、P88 ベビーカー・授乳グッズ・チャイルドシート・スキンケアグッズ）
http://www.pigeon.co.jp/

ANGELIEBE エンジェリーベ（P74、75）
http://www.angeliebe.co.jp/

Fotolia　http://jp.fotolia.com/
©lovebeer/rangizzz/kei u/maxwellren/ilfotokunst/sakura/akub Krechowicz/naka/kazoka303030/runin/yasuhiro /norikko / kai/Tsuboya/abc7/happyyuu/moonrise/photosomething/ eyeblink/Africa/Studio/chihana/takasu/kaikaiboy/ Bananafish/jedi-master/akiyoko/sasaken/shibachuu/ blanche/ 安ちゃん /Reika/Botamochy/RuthBlack/Andreja/ Donko/Margot/arenaphotouk/ladyalex/tundephoto/ Superingo/agneskantaruk/koya979/haruna23/Dmitry Lobanov/hakase420/Ruth Black/Dmitry Lobanov/india_tate/ jkphoto69/Sergey/ Yarochkin/venusangel/eyetronic/ Route16/BRAD/worst9216/

※この本は2015年2月現在の情報で作成しました。

はじめてママとパパの本
妊娠・出産ガイドBOOK

2015年3月24日　第1刷発行

監修者	渡邊理子
発行人	鈴木昌子
編集人	姥 智子
発行所	株式会社　学研パブリッシング 〒141-8412　東京都品川区西五反田2-11-8
発売元	株式会社　学研マーケティング 〒141-8415　東京都品川区西五反田2-11-8
印刷所	大日本印刷株式会社

● この本に関する各種お問い合わせ先
[電話の場合]
編集内容については　Tel 03-6431-1223（編集部直通）
在庫、不良品（落丁、乱丁）については
Tel 03-6431-1250（販売部直通）
[文書の場合]
〒141-8418　東京都品川区西五反田2-11-8
学研お客様センター『妊娠・出産ガイドBOOK』係
● この本以外の学研商品に関するお問い合わせは下記まで
Tel 03-6431-1002（学研お客様センター）

© Gakken Publishing 2015　Printed in Japan

本書の無断転載、複製、複写（コピー）、翻訳を禁じます。
本書を代行業者等の第三者に依頼してスキャンやデジタル化することは、たとえ個人や家庭内の利用であっても、著作権法上、認められておりません。

複写（コピー）をご希望の場合は、下記までご連絡ください。
日本複製権センター　http://www.jrrc.or.jp/
E-mail：jrrc_info@jrrc.or.jp　Tel 03-3401-2382
Ⓡ＜日本複製権センター委託出版物＞

学研の書籍・雑誌についての新刊情報・詳細情報は、
下記をご覧ください。
学研出版サイト　http://hon.gakken.jp/